AF305958

SOUVENIR DE FAMILLE

NOCES D'ARGENT DE LA SUPÉRIORITÉ

DU

R. P. CHASTAIN.

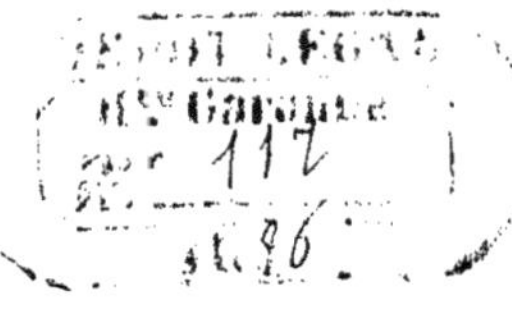

SOUVENIR DE FAMILLE

NOCES D'ARGENT DE LA SUPÉRIORITÉ

DU

R. P. CHASTAIN.

21 JUIN 1886

FÊTE DE SAINT LOUIS DE GONZAGUE

Patron de la Succursale et du R. P. Supérieur.

———

Nos modestes concerts montaient, montaient encore,
Sur l'aile de l'amour, vers les cieux réjouis...
Mais le temps effaçait leur musique sonore,
Les chants allaient mourir, dans l'air, évanouis !

Les feux confus du soir, une brillante aurore
Les ravive soudain aux regards éblouis :
Tel l'éclat pâlissant de nos hymnes, se dore
Aux nouvelles splendeurs des fêtes de Louis.

O mes vers, fixez-vous sur ces pages tremblantes !
On les accusera de répondre, bien lentes,
A des désirs trop vifs pour n'être pas vainqueurs.

Nous quittons à regret le demi-jour et l'ombre
Pour rougir au soleil de nos défauts sans nombre.
Pitié ! lecteurs amis, cachez-nous dans vos cœurs !!

H. Dupin.

Vers le milieu du dernier mois de l'année 1885, sur une
foule de points du diocèse, on reçut un billet ainsi conçu :

J. M. J.   Toulouse, le 8 décembre 1885.
—

« Il y a vingt-cinq ans déjà que le R. P. Chastain dépense
généreusement son cœur et ses forces dans l'heureuse
direction de notre communauté. Nous ne pouvons, sans
votre présence, célébrer les noces d'argent de sa douce
supériorité, d'une manière qui lui soit pleinement agréa-
ble. Vous voudrez donc acquérir un nouveau titre à notre
reconnaissance en venant vous associer à nos vœux, le
mardi 29 décembre 1885. Un repas fraternel à midi, et un
Salut du Très Saint Sacrement à trois heures, réuniront
autour du bon Père un groupe nombreux de sa famille
d'autrefois avec sa famille d'aujourd'hui.

« Sûrs de votre réponse favorable, nous avons l'honneur
de vous exprimer notre vive gratitude,

« H. Dupin, A. Pérès, I. Dispans, G. Morère,
H. Rey, F. Buc, *directeurs*. »

II

Les signataires n'avaient nullement préjugé à tort, l'unanime assentiment des soixante prêtres qu'ils conviaient à l'aimable solennité. Elle eut certes un meilleur sort que l'invitation aux noces de l'Évangile. Les cœurs qui aiment bien, mettent l'affection et la reconnaissance à l'abri des prétextes. Comme une vive étincelle, cette lettre si modeste alluma aussitôt un grand incendie. De toutes parts affluèrent sur l'heure les réponses dont on n'avait point douté. Il eût été cependant difficile de prévoir une si belle effusion de sentiments tendres et délicats. L'événement dépassa de beaucoup la forte somme de sympathie dont on avait attendu et provoqué l'expression. Ce fut une parfaite et mélodieuse harmonie, un filial concert plein de joie. Il fallait résumer et traduire cette charmante et vive révélation des cœurs. La prose avait perdu tous ses titres à l'honneur de rédiger le compliment de fête. Un poète fut désigné, un poète de circonstance, ou, avec plus de vérité, un *poète d'occasion*. Celui-ci sent mieux que personne combien son cœur a plié sous la difficulté d'une tache si belle ; combien son pauvre talent s'est traîné au dessous du bon Père qu'il félicite, et des fils excellents dont on a exigé qu'il devînt l'interprète. Ce dialogue, d'abord écrit par obéissance, se livre maintenant par humilité.

III

Il en est de cette peinture comme de bien des toiles, qui ne valent guère que par leur riche encadrement. Qu'on s'imagine une salle spacieuse, toute décorée de magnifiques tentures rouges frangées d'or et de tapisseries blanches piquées d'un semis de verdure et de fleurs ; aux deux extrémités de la majestueuse enceinte se détachent, en grandes lettres dorées, les dates qui rappellent, en les mariant dans une heureuse harmonie, les noces archiépiscopales de Mgr Desprez et les noces de la supériorité du R. P. Chastain ; le buste et les armoires de Son Eminence brillent aux places d'honneur. Voici autour de trois longues tables, par doubles files, les cent quarante convives dont les traits épanouis trahissent la joie intime et la douce affection bien mieux qu'un rimeur improvisé ne peut les traduire ; là-bas entre les deux grands vicaires ses enfants, là-bas au milieu d'une quatrième table transversale, par dessus des corbeilles de fleurs parait, objet de tous les regards, le visage transfiguré par une émotion impossible à contenir, le R. P. Supérieur, dont l'humilité jettera des cris que personne ne voudra entendre : oui, qu'on se représente bien ce spectacle, et l'on aura une idée presque fidèle de la séance qui ouvrit ce repas que la lettre d'invitation, avec une infinie justesse avait appelé le *banquet fraternel !* En même temps, on demeurera d'accord que cette scène devait *désespérer* la parole par sa physionomie à la fois si imposante et si douce.

IV

Au sein d'une joie parfaite en apparence, les organisateurs de la fête ne purent se défendre d'un cruel ressouvenir et d'une pénible émotion. Heureux de la présence de tant d'invités, ils subissaient comme un remords l'absence de nombreux amis exclus par l'exiguité d'une maison si étroite qu'on ne peut y tenir qu'à la condition de s'y confondre de cœur les uns avec les autres, et de n'y faire qu'une âme. Cependant on avait démoli des cloisons pour unir au parloir le vieux dortoir d'à-côté. Une autre fois, aux noces d'or sacerdotales du R. P. Supérieur, si Dieu nous les accorde, on abattra des murailles plutôt que de s'exposer à ressentir d'aussi vifs regrets, plutôt que de s'exposer à voir au vestibule de la salle de fête de *braves cœurs* qui, malgré tout, ont voulu s'associer à la manifestation.

V

Notons bien que la résolution de célébrer ces noces d'argent avait été prise en conciliabule secret, et que le héros eut plus d'une fois à se plaindre du mystère qu'on épaississait autour de lui. Ainsi, le 29 décembre, ce fut vraiment l'explosion violente de sentiments longtemps contenus à grand'peine, et de préparatifs voilés d'ombre. Les révélations nécessaires s'étaient produites peu à peu, et dans une concision très irritante pour la curiosité. La surprise suprême, et je dirais le bouquet de la fête, si notre compliment ressemblait de loin à un feu d'artifice, ce fut, à la fin de la séance et au moment même du dîner, l'apparition de S. E. Mgr le cardinal, qui voulut à la fois témoigner hautement de sa bienveillante amitié pour le R. P. Chastain, et de sa gratitude pour de si longs services à l'ombre féconde du Petit séminaire de l'Esquile et de la Succursale.

VI

Il est onze heures. Nos hôtes se sont répandus dans la vieille cour. Vous diriez d'un essaim bourdonnant. D'anciens condisciples se retrouvent et s'embrassent avec un indicible bonheur. Professeurs et élèves d'autrefois devenus égaux sous le niveau du sacerdoce et de l'amitié, animent leurs conversations des plus chers souvenirs.

Chacun se sent rajeunir de toutes les années qu'il a vécu loin d'ici. On revient par la pensée, on se croit encore aux jours de cette enfance insouciante que les vieux murs de la Succursale retenaient heureusement prisonnière loin du monde et près de Dieu. C'est refaire sa vie, cela ; c'est la savourer de nouveau dans ce qu'elle a de meilleur.

Tout-à-coup la cloche sonne. Instinctivement et comme par la force de la vieille habitude, on obéit à cette voix connue. Du même pas, la *famille d'autrefois* et la *famille d'aujourd'hui*, les deux forment la *famille de toujours*, s'acheminent vers la salle préparée. A droite et à gauche, sur deux marchepieds modestes, se montrent, debout et fort émus, les jeunes orateurs chargés de complimenter le bon Père. Nos deux philosophes n'auront point oublié ce qu'il y a de plus essentiel dans l'éloquence, et leur *action* donnera des ailes à leurs paroles. On est assis, le silence se fait religieux au point qu'on peut saisir les battements des cœurs. Alors *Gélaste* ou Joseph Mombrun le *rieur*, et *Philémon* ou Louis Abadie le chanteur *aimant*, commencent le dialogue.

I

GÉLASTE.

Boileau[1] s'étonnerait encore ! Les dévots
Ont mûri deux longs mois le plus noir des complots.
Ils échangeaient tout bas leurs secrets, — et dans l'ombre,
Passaient et repassaient des conjurés sans nombre,
Attentifs à couvrir partout d'obscurité
Leurs criminels desseins contre l'autorité...
Comme au sein des États, dans notre séminaire,
Bouillonnait un volcan révolutionnaire
Sous le voile menteur d'un tranquille dehors...

PHILÉMON.

Mais comment contenir d'impétueux transports
Dans l'étroite prison de nos âmes ardentes ?
Elles ne peuvent être et jeunes et prudentes
Plus longtemps... Jusqu'ici nous sûmes obéir ;
Mais ce serait demain nous forcer à trahir
Que d'exiger de feindre encore, et de nous taire...
... Mais non ! plus de délais ! S'élançant du mystère,

1. Boileau, *Lutrin* :

  Tant de fiel entre-t-il dans l'âme des dévots !

— Grâces au Ciel, — enfin, elle éclate au grand jour
La conspiration du filial amour !!!

GÉLASTE.

Et cette fois, ami, l'austère discipline,
Aux cent yeux, au cœur froid, — déconcertée, — incline
Et passe aux rangs épais de la rébellion.
Que dis-je ! Au doux combat guidant le bataillon,
Elle veut que, bravant le silence et l'étude,
Nous *vidions tous les traits* de notre gratitude !

PHILÉMON.

Père, pardonnez-nous ce *tumulte gaulois*.
Soumise un quart de siècle à vos aimables lois,
Cette maison s'émeut et chante... Avec puissance
L'incompressible essor de la reconnaissance
Jaillit, sans peur, en vers naïfs et triomphants :
Les vers, c'est le parler naturel des enfants !

GÉLASTE.

Et pendant que l'amour vêtu de poésie,
Avec une mutine et sainte frénésie,
Épuise à pleines mains cent carquois contre vous,
La vérité n'a rien à craindre de nos coups :
Elle s'épanouit dans les voix enfantines...
Non, de ce tourbillon de folles javelines,
— Rassurez-vous, — enfin, il n'aura résulté
Qu'une large blessure à votre humilité.
Il vous faut, une fois, essuyer en silence,

D'un assaut pétulant l'aimable violence.
Après l'effacement, c'est le tour de l'orgueil !
Autour de ce banquet fraternel, et sous l'œil
De Dieu qui, d'un sourire ami, nous encourage,
Il vous est bien permis d'admirer votre ouvrage,
D'embrasser fièrement d'un regard paternel
— Comme au septième jour l'Ouvrier éternel, —
Vos fils, plants d'oliviers verts et beaux !.. Car l'on aime
A cueillir le fruit d'or au jardin où l'on sème,..

II

PHILÉMON.

Vingt-cinq ans demeurer à l'ombre du saint lieu,
Sans nul autre témoin que le regard de Dieu ;
Instruire Éliacin aux divines louanges ;
De tous petits enfants chétifs faire des anges ;
Et, d'un soin délicat, polir ces cœurs, si bien
Que lui — le Prêtre d'or — puisse y mirer le sien ;
Comme le vieux prophète[1] en ces âmes naïves
Et plus pures que l'eau fraîche des sources vives,
— Se faisant tout petit pour eux, — leur transfuser
Sa piété, sa vie aimante ; dépenser
Les trésors infinis d'une âme maternelle ;
Couvrir les chers poussins de l'abri de son aile
Frémissante, et former le jeune Samuel
A lutter les combats terribles d'Israël,

1. Le prophète Élisée.

Bravant, — sans une entaille à sa vaillante armure, —
Le camp d'iniquité, d'orgueil et de luxure ;
Transporter les esprits à de telles hauteurs
Que, — dominant de là les sots persécuteurs, —
Ils élèvent toujours, inviolable hermine,
Leur honneur par dessus les *décrets de famine ;*
Poursuivre ce labeur vingt-cinq ans tout entiers ;
Guider un quart de siècle, aux sublimes sentiers,
Sans défaillir.

GÉLASTE, interrompant.

Malgré la caisse souvent vide,
En dépit de la gêne, au visage livide,

PHILÉMON, continuant.

Malgré les fils ingrats, les transfuges, — grand Dieu !
Que belle est cette vie enfouie au saint lieu ;
Que le Ciel s'en souvient si la terre l'oublie !!!

.   .   .   .

Est-ce trop que l'amour filial nous délie
— Après tant de bienfaits — la langue à vous bénir,
Appelant de nos vœux un pareil avenir
A son tour couronné par des noces heureuses ?...
... Car vos Noces d'argent, à nos âmes pieuses
Ne sauraient apporter entier contentement :
Il leur faut Noces d'or, Noces de diamant
Même ; car le jeune âge a soif de l'impossible ;
Car l'ardeur de l'amour, vers un but invisible,
S'élance, et, du tombeau niant la vérité,
Par cette déraison, prouve l'éternité !!!...

GÉLASTE.

Oui, sur tant de labeurs, il est bien légitime
D'entonner les *vivats* de ce triomphe intime.
Au haut du monument enfin mis à couvert,
La main de l'ouvrier arbore un rameau vert :
Le *rameau vert*, chez nous, c'est cette aimable fête.
Où la joie est au comble et l'union parfaite.

III

PHILÉMON.

Nos aînés sont venus, — si l'on veut nos *aïeux*. —
Il manquait des tableaux à ces murs... Oh! bien mieux
Que les portraits pendus aux parois féodales,
— Passé chevaleresque accusant les scandales
D'une postérité transfuge du devoir —
Eux, notre gloire à nous, vivants et beaux à voir,
Parent, en ce grand jour, de leurs vertus modestes,
— Promptes à se cacher, mais partout manifestes, —
Cette chère maison, berceau sacerdotal,
Où l'on aime à venir comme au pays natal,
Foyer si chaud, si doux qu'on y cherche sa mère !!!

. . . .

Il convient d'élever maintenant, ô mon frère!
Nos regards, tour à tour, sur les aimables traits
De nos chers devanciers,.... Saluons leurs portraits

2

Comme le vieux Silva[1] contemplait ses ancêtres.
Qu'un cri du cœur démontre à chacun de nos maîtres
D'autrefois, à chacun des hôtes d'aujourd'hui,
Que nul vieux souvenir, que nul bienfait n'a fui,
Effacé par le temps, par l'oubli, par l'absence,
Aux diptyques sacrés de la reconnaissance.

. . . .

Témoin, ces derniers mois, notre fidèle deuil[2] !
Non, il n'a point passé couché dans son cercueil,
D'une ville lointaine au tombeau de famille,
Inconnu, sans convoi, sans prière..... Sa fille,
Sa chère Succursale était là dans le chœur,
Récompensant ainsi la bonté de son cœur.....

GÉLASTE.

Silence à l'élégie au milieu d'une fête !
Ami, vous souvenant de la promesse faite,
À venir aux portraits, ne soyez pas si long.

PHILÉMON.

Ce prêtre grave et doux[3], ombre de Fénelon,

1. Allusion à la scène des portraits dans *Hernani* (scène IV de l'acte III). Silva, sommé par Charles-Quint de livrer son hôte Hernani, prend conseil des tableaux de ses ancêtres, et refuse d'accomplir cet acte déloyal.

2. M. l'abbé Lannes, ancien supérieur de la Succursale et prédécesseur du R. P. Chastain, est mort au mois d'octobre 1885 à Arras. Son corps a été transporté au cimetière de Saint-Cyprien, à Toulouse. Notre communauté assista tout entière au service célébré à Saint-Étienne pour le repos de son âme.

3. M. l'abbé *Aimé* Bernadot, vicaire général et aumônier de

De notre séminaire est la vivante histoire.....
Comme un riche trésor, volons-lui sa mémoire.
Il a vu tour à tour quatre gouvernements :
Depuis le fondateur à ses derniers moments,
Tous ici l'ont connu, sous un voile timide,
Ce cœur bon, ce goût fin, cette vertu solide,
Cet esprit délicat, aimablement moqueur,
Que son nom prédestine à nous ravir le cœur.
Tous ici l'ont connu. C'est notre maison même,
Tant il s'identifie avec ces murs qu'il aime,
Avec l'humble cellule, où vingt ans abrité,
Il goûta le bonheur dans son obscurité.
Oubliant avec lui qu'il est grand, — en arrière,
— Comme on suit vers les monts une pure rivière, —
Nous aimons mieux le voir ici, d'un œil charmé,
Toujours disciple aimant et directeur *aimé*.

GÉLASTE.

Moi j'ajoute à l'éloge une fine critique,
Priant l'auteur du mot, un maître en rhétorique[1],

l'école Fénelon. — Avec un tel guide spirituel, ce pensionnat
mérite deux fois le nom qu'il porte. M. Bernadot entra à la
Succursale à l'époque de la mort de M. l'abbé Garrigou, son
fondateur. Comme élève et comme professeur, il a vu, depuis, quatre supérieurs se succéder à la tête de la maison.
MM. Brel, Galtié, Lannes et le R. P. Chastain.

1. Le mot est du R. P. Valentin, professeur de rhétorique
au Petit Séminaire de l'Esquile et maître de Conférences de
littérature grecque à l'Institut catholique. Par une sympathie
irrésistible, il a fait du *génie d'Eschyle* le sujet de ses cours.
Celui qui connaît la grande âme et le cœur élevé du savant
religieux, n'est nullement étonné de ce culte de *prédilection*
pour Eschyle. Le R. P. Valentin fut le condisciple et l'émule

Un Eschyle, d'avoir de nous compassion :
« *Il manque des défauts à sa perfection.* »

PHILÉMON.

Votre muse enjouée attaque un grand vicaire[1] !
Pourtant ne craignez pas, jeune homme téméraire :
En recevant le trait, la victime sourit
A tant de cœur, de sens, de finesse et d'esprit.....

. . . .

La critique souvent connaît moins la mesure,
Mais n'imprime qu'à soi la mortelle blessure[2],
Vous, son rival d'honneur[3], vous ne m'accusez pas
De forcer votre image à lui céder le pas ;
Car tous deux vous marchez de pair dans notre estime,
Notre gloire, tous deux, notre orgueil légitime,
Amour du diocèse, amour du Cardinal,
Parures et soutiens du trône épiscopal !

GÉLASTE.

Frère, vous oubliez le héros de la fête !

de M. l'abbé Bernadot. C'est parce qu'il le connaît si bien qu'il
a dit : « Pour être parfait, il lui manque quelques défauts. »

1. On sait qu'à Toulouse certaine feuille polissonne s'est
acharnée à calomnier l'administration diocésaine. Les coups
n'ont point porté, car, ou bien trop faibles, ils demeuraient
en-deça du but, ou bien trop violents, ils le dépassaient. On
connaît surtout la révolte scandaleuse de M. l'abbé Philbert,
qui regrettera plus que personne ses égarements.

2. M. l'abbé Philbert venait d'être condamné la veille, par
la Cour de Toulouse, à quitter le presbytère et à livrer
l'église de Bragayrac.

3. M. l'abbé Andrieux, vicaire général, ancien élève et
ancien professeur de la Succursale.

PHILÉMON.

Je chante, de ses mains, l'œuvre la plus parfaite.
Or, louer le chef-d'œuvre est vanter l'ouvrier :
Plus leur éclat est vif, plus on les voit briller,
— Dans la sainte douceur de cet anniversaire, —
Éloquente couronne au front blanc de leur Père !

IV

GÉLASTE.

Mon blâme fut injuste, et je le reconnais.
J'accepte avec bonheur des arguments si nets,
Et veux, pour réparer l'erreur que je déplore,
Que la digression tende au sujet encore,
Et, comme les rameurs, tourne le dos au port.

PHILÉMON.

Et vous [1], riante image au sympathique abord,
En vain rappelez-vous l'ancienne discipline,
C'est l'amour, non la peur, qui devant vous m'incline.
Des parleurs endurcis vous faisiez des *muets*,

---

1. M. l'abbé Fourès, autrefois Père du Calvaire, et maintenant aumônier de l'institution des jeunes sourds-muets. Il
entra comme directeur et préfet de discipline à la Succursale,
en même temps que le R. P. Chastain y venait comme supérieur.

Les muets maintenant *parlent* de vos bienfaits.
Nous sommes les enfants de vos fils, et peut-être
Une âme est-elle heureuse à se sentir renaître !
Personne ici n'est sourd aux voix du souvenir,
Personne n'est muet, Père, pour vous bénir...
— Père !... acceptez encore ce vieux nom... Sept années
Pour vous et vos enfants coulèrent fortunées
Au charme pénétrant d'un aimable entretien,
Et sous cet œil profond qu'on respectait si bien !

. . . .

Il vous revient de droit un bon tiers de la fête,
Et vous devez souffrir, pour la rendre parfaite,
Que les noces d'argent du Père[1] soient aussi
Le jubilé joyeux de votre entrée ici.

GÉLASTE.

Saluons près de lui l'ange de Roqueville[2],
Turenne du clergé, tant son esprit habile,
En marchant vers le but, sait éviter l'écueil !
Et nos maîtres ont vu le triomphant accueil[3]
Où l'amour des brebis prouva son âme aimante.

. . . .

Mais voici qu'un penser importun me tourmente :
C'est notre seul doyen ! Répondons aux railleurs
Avec la vérité : Seul, il en vaut plusieurs.

1. Du Père. Le P. Chastain évidemment.
2. M. l'abbé Duffaut, curé doyen de Montgiscard. La chapelle de Notre-Dame de Roqueville est sur sa paroisse.
3. MM. les directeurs de la Succursale, sous les auspices du R. P. Chastain, assistèrent à l'installation de M. Duffaut, qui fut une démonstration des plus touchantes.

PHILÉMON.

On voudrait des doyens vous dire le modèle[1];
Mais ce titre au pasteur de Grenade-la-Belle
Est par nous décerné d'un commun sentiment.
Vous souscrivez vous-même à notre jugement.
Les clercs qu'il éleva sont tout un séminaire,
Et les jeunes aiglons, au sortir de son aire,
Portés sur ses vertus s'en vont peupler l'azur.
Notre communauté n'a point d'ami plus sûr.
Il moissonne en retour notre reconnaissance,
Et notre affection méritait sa présence.
D'un amour filial certes son cœur est plein
Aux splendides clartés du sommet Esquilin[2] :
Mais je dirai, mon vers gâtant celui d'un autre :
« Ce cœur a deux pays, le sien et puis le nôtre[3] ! »

GÉLASTE.

Voyez-vous ce visage expansif et rieur[4]?
Connaissez le Mentor du bon Supérieur.
Pourtant, — comme on n'est plus Télémaque à son âge,

1. M. l'abbé Durand, curé doyen de Grenade.
2. Les RR. PP. Bepmale et Valentin, on s'en souvient, re-
présentaient l'Esquile à notre fête. Et M. l'abbé Durand fut,
dans cette maison, un brillant élève et un excellent professeur.
3. Le vers de Bornier : « Tout homme a deux pays : le sien,
et puis la France. »
4. Le très aimable et très spirituel curé de Quint, Mentor du
R. P. Chastain, dont il était le voisin d'étude au Petit Séminaire de l'Esquile et dont il est toujours le meilleur ami.

Que ce serait bien tard s'aviser d'être sage, —
Je parle d'autrefois... Et même aurais-je tort
De ne voir qu'un ami sous le nom de Mentor?
Oui, son rôle ne fut qu'oisive sinécure...
De ses traits empennés, souhaitez la piqûre;
Car il guérit si bien le mal qu'il a causé!
Son bon sens, chez le bon remouleur aiguisé,
Demeure en même temps idéal et pratique.
Mettez-moi sa raison au timon politique,
Nos soldats boiront frais bientôt, loin du Tonkin.
Soit dit sans calembour, ce Mentor est à Quint.

. . . .

Au spectacle charmant d'une telle concorde
Sa jeunesse revit et son âme déborde.

PHILÉMON.

L'Ariège autrefois roula paillettes d'or.
Nous sommes tous témoins qu'elle en charrie encor ;
On n'en saurait douter dans nos deux séminaires.
Mais voyez un prodige et des moins ordinaires :
Une paillette d'or s'en aller en amont [1],
Et du port de Saint-Pierre aborder à Calmont!
Ce village est peuplé de protestants... Du reste,
Contre un si bon curé personne ne *proteste*...

1. M. l'abbé Candeil, originaire de la paroisse Saint-Pierre
à Toulouse, et curé de Calmont sur le bord du Lhers, affluent
de l'Ariège. M. Candeil fut le professeur de sixième de l'auteur
de cette pièce.

GÉLASTE.

Si l'implacable sort ne semait au hasard [1]
Hameaux, villes et bourgs, si le cœur avait part
A la confection de la géographie,
Gratens, près de Calmont, établirait sa vie.
Au synode, Gratens fut deux fois député ;
Il aurait parmi nous même unanimité.

V

PHILÉMON.

Soyez les bienvenus, vous tous, aimables hôtes,
Pour les bienfaits reçus, pour des vertus si hautes !
Vous fûtes à la peine. En ce jour de bonheur,
La justice marquait votre place à l'honneur !
Vous, du *tronc généreux*, branches luxuriantes,
Trésors de fruits vermeils sur les plaines riantes,
Et les hardis coteaux, et les vallons secrets !
Les oiseaux du bon Dieu, sous vos ombrages frais,
Jettent leurs cris au ciel d'une voix claire et forte.
Si vous avez leurs nids, le tronc aussi vous porte :
A lui les chœurs ailés, à lui les chœurs chantants
Orchestre harmonieux de vos abris flottants...

1. M. l'abbé Miègeville, curé de Gratens, ancien professeur
de la Succursale, ami inséparable de M. Candeil.

O bel arbre chéri de Dieu, tressaillez d'aise,
Vous donnez la fraicheur à tout un diocèse!!!

. . . .

Oui, le Père est encor dans le bien qui se fait
Par ses nombreux enfants. Que sont-ils, en effet?
Son cœur partout présent, sa voix multipliée.
Car l'action ici certes n'est point liée
A ce coin inconnu large de quelques pas;
Les leçons, dans ces murs, ne s'emprisonnent pas,
Stériles au-dehors d'une influence heureuse...
Malgré les préjugés d'une sagesse creuse,
— Comme un fleuve superbe aux flots retentissants, —
De nos maîtres chéris, les sonores accents,
Par nous, vivants échos, par nous, limpides ondes,
Rendront partout au loin les campagnes fécondes.
... Peut-on dire vraiment que leur travail est vain!
Former les jeunes clercs, c'est un métier divin.
Le Christ, pour auditeurs, n'eut que les douze Apôtres.
Mais ne voyez-vous pas derrière eux tous les autres?
Derrière eux, sous l'azur des firmaments ouverts,
Les autres auditeurs du Christ, c'est l'univers!!!

. . . .

Professeurs vénérés, j'ai chanté votre gloire.
Ai-je mal fait? Chacun, en ce jour de victoire,
Dans cet épanchement intime de l'amour,
M'absout de vous avoir mis à l'ordre du jour.

GÉLASTE.

C'est un honneur guerrier qui sied à leur mérite;
Car, ils ont du soldat la paye et la guérite;

Malgré la pauvreté pourtant et sa rigueur,
Opulents de gaieté, de malice et de cœur [1].

PHILÉMON.

Chers devanciers, le même esprit qui vous anime,
Puisse-t-il emporter notre marche sublime
Vers les sommets déserts et beaux du dévouement,
Sans orgueil, sans éclat, sans découragement ;
Des combats ignorés, bataillon héroïque :
L'esprit du grand Léon, le docteur Pacifique,
Du très doux Florian, de *Louis le Pieux* [2],
Ce triple échelon d'or qui nous relie aux cieux.

VI

GÉLASTE.

Vous devriez contenir l'essor de vos louanges :
Il est midi, je crois, et l'on n'est pas des anges.
Permettez que j'abrège en glosant à mon tour.
... Depuis longtemps déjà, mon frère, notre amour
Devinait pour le Père une haute surprise :
Nous pressentions venir un prince de l'Église.

---

1. L'auteur de cet écrit, ayant par droit d'aînesse et par une faveur de Mgr l'Archevêque une chambre et une solde meilleures, a pu séparer sa cause de celle de ses confrères pour parler de leur mérite, sans qu'on puisse lui reprocher de paraître parler du sien.

2. Le R. P. Chastain. On convient que le surnom de Pieux lui est bien applicable.

On avait l'aumônier si cher à Monseigneur
Pour complice.,.., et son nom est Jean... le *Précurseur*[1].

PHILÉMON.

Oui, nous allons le voir, dans notre humble chapelle.
Illustrant de sa pourpre une fête si belle,
Le très doux Cardinal, le premier des amis,
Dieu même vous rapproche : à peine s'il a mis
Trois saisons entre l'un et l'autre anniversaire[2].
Des noces du Pontife, il était nécessaire,
— Si le sort quelquefois se montre intelligent, —
Qu'il jaillît des reflets sur vos noces d'argent.
Belle connexité que le Seigneur a faite :
Ce grand jour est l'écho fraternel de sa fête !

. . . .

Il s'est ressouvenu ! — Deux fois, delà les monts[3]
Vous fûtes l'avocat des Saints que nous aimons.
Car, comme au ciel, il est des saints dès cette vie ;
Par exemple, le cœur noble et pur, que l'Envie,
Dans un torrent fangeux, attente d'engloutir...
... Ils voulaient un coupable, ils ont fait un martyr !

. . . .

Bouche d'or toulousain, là-bas[4] où tu reposes,

1. M. le chanoine honoraire Jean Raynaud, aumônier de
Son Éminence, et ancien élève de la Succursale.
2. Son Éminence célébra les noces d'argent de sa translation
à Toulouse en novembre 1884.
3. Le R. P. Chastain a été envoyé deux fois à Rome : une
première fois pour laver son ami le R. P. Caussette d'outrages
gratuits et la plupart anonymes ; une seconde fois pour sou-
mettre le *Propre du diocèse de Toulouse*.
4. A Fonsorbes, près Toulouse.

Dans ta blanche vertu, sous les lis et les roses,
Chacun lit, soulagé, sur ta modeste croix,
Le mot de Pie le Grand, et murmure : « *J'y crois!* »

VII

PHILÉMON.

Monseigneur se souvient !... En ce temps-là, la guerre
Châtiait le plus beau royaume de la terre,
La douce France... Au loin, de noirs monceaux de morts,
Des groupes de soldats lâchant pied sans remords,
Déshonoraient le sol gaulois voilé de neige ;
Et l'insolent Teuton, dans un immense siège,
Emprisonnait Paris, comme un chétif enfant,
Dans sa main, prend le nid qu'un roitelet défend !

GÉLASTE.

Meure le souvenir de cette année horrible !

PHILÉMON.

Elle est chère pourtant à toute âme sensible
La mémoire des hauts faits de la Charité,
Seule et fière debout, quand tout, à son côté,
Ou mourait à l'effort, ou sombrait dans la honte...
. . . .
C'est deux traits inédits qu'il faut que je vous conte.
Dans cette enceinte même où la joie et l'amour

S'élancent en concerts aujourd'hui, — tout autour
D'un poële noir, fumant alors leurs pipes noires,
Trente blessés [1] entr'eux échangeaient les histoires
De leurs efforts trahis, de leurs déceptions :
La matière abondait pour ces narrations !
Parfois d'un lit voisin, quelque voix expirante
Arrêtait du conteur la parole navrante.

. . . .

C'est le soir. Un zouave, au teint blême et pâli,
Par d'atroces douleurs soudain est assailli ;
C'est comme un feu d'enfer qui brûle ses entrailles,
On s'empresse,... il se tord... On l'emporte. Aux murailles
De sa tête branlante, il frappe avec fureur...
Où donc l'emportent-ils dans leur folle terreur ?
Ils courent au premier, à la chambre connue [2],
Au Père, au médecin, à l'ami... Leur venue
Agite son bon cœur mais ne le trouble point.
Il plonge le martyr dans un bain tiède à point,
Puis se penche, attentif, sur sa rude souffrance...
Et la douleur s'apaise, et l'horrible apparence
De ses traits convulsés sous le doigt de la mort,
S'enfuit en un sourire, et le zouave s'endort...
... Il dort... Le lendemain, au sortir d'un beau rêve,
Où sa mère passait, — à l'heure où l'on se lève —
Qui fut très étonné le lendemain matin ?

. . . .

Le zouave dans le lit du *Bon Samaritain !*

1. Plus de douze cents blessés ont été soignés dans les dortoirs de la Succursale transformés en ambulance en 1870-1871.

2. L'auteur de cette pièce a vu tout ce qu'il conte, et on comprend qu'il ne l'ait pas oublié.

GÉLASTE.

De peur d'ôter au mal le sommeil qui l'enchaîne,
Là, non loin du foyer, sur la couche prochaine,
Une main l'a posé sans secousse et sans bruit.
... Maintenant aux clartés du jour naissant qui luit,
Il ouvre de grands yeux comme pour fuir un songe.
Ne pouvant, du réel, démêler le mensonge :
« Quel mystère est-ce là ! Serais-je le patron[1] ? »
Dit-il, d'un air pensif, en se grattant le front...
... A sa métamorphose, il était près de croire,
Quand tout-à-coup, au lieu de la soutane noire,
Sur la chaise voisine, il revit, triomphant,
Son bonnet rouge avec le pantalon bouffant.

PHILÉMON.

Dans un pauvre réduit, sans qu'il y pût paraître,
Un pauvre lit de camp avait reçu le prêtre !!!

GÉLASTE.

A quelques jours de là, le *patron par erreur*,
Comme on lui contestait le nom de bon tireur,
Sut laver cet affront à son honneur de brave,
Avec assez de cœur et d'esprit pour un zouave ;
Il tua le soupçon en raisonnant ainsi :
« Je vise on ne peut mieux, puisque je tombe ici ! »

1. Le Patron. C'est le nom que les soldats donnaient au
P. Supérieur.

PHILÉMON.

Cependant — au rapport d'anciens séminaristes —
Un beau jour se leva parmi des jours si tristes,
Une fête pareille à celle que je vois...
... Mais la reconnaissance avait plus rude voix,
Et se manifestait en vivat militaires,
Un autre zouave, un juif, qui, sur toutes les terres,
Avait roulé son art de modeste Talma,
Interprète de tous, avec feu déclama.
Une belle harange en vers comme les nôtres,
Les uns, durs et frappés de malaise, les autres
Se rebellant sans peur contre toutes les lois ;
Mais le cœur vibrait fort dans cette mâle voix [1],
Or, la belle éloquence est un cœur sur la bouche [2];
L'amour, en flèches d'or, change tout ce qu'il touche.
... L'antichambre, là-haut, en résonna si bien,
Que l'écho prolongé maintenant vous revient
Dans les hymnes bruyants de notre *Sainte-Barbe.*
De Dijon à Rouen, de Mézières à Tarbe [3],
Notre oreille saisit des cris reconnaissants,
Et nous les traduisons, confondant les accents
Des robustes soldats et des faibles lévites ;
Car, du même sourire, en ce temps-là vous fîtes
Des lévites pieux de ces rudes guerriers,

1. C'était le jour de la Sainte-Barbe. Il y avait eu fête au réfectoire. Les soldats étaient presque *allumés.*
2. Cet artiste lyrique israélite avait exercé son art en Amérique et en Océanie. Le R. P. Supérieur a conservé sa pièce de vers et nous la pouvons lire encore.
3. C'était de ces villes qu'étaient nos principaux blessés.

De ces tendres enfants, de hardis infirmiers.

. . . .

Les infirmiers sont là, qu'ils partagent l'éloge[1].
Ils y sont.,. Non pas tous ! au saint martyrologe,
Les anges ont écrit le nom de maint défunt :
La terre a leur dépouille, et le ciel leur parfum.
Au bord du Touch profond et de la belle Arise[2],
L'amour entend trois voix murmurer dans la brise !

. . . .

Mais Dieu donne en retour de l'amer souvenir
Les fruits mûrs du présent, les fleurs de l'avenir[3].
Et cette belle fête, éblouissante aurore,
Après sept ans passés, d'un plus grand jour encore !

---

1. En effet, il y en avait plus d'un.
2. Allusion au P. None, de Montesquieu, et à l'abbé Justin Nougués, diacre de Rieux. Rieux et Montesquieu sont sur l'Arise. On s'y souvient encore de ces défunts si sympathiques. Allusion aussi au cher abbé Dantin, de Saint-Martin-du-Touch.
3. Les fruits mûrs sont M. l'abbé Péchou, vicaire de Saint-Sernin, et M. l'abbé Laffont, vicaire des Minimes, pour Montesquieu-Volvestre ; M. l'abbé Paul Nougués, vicaire du Sacré-Cœur, pour Rieux.
Les fleurs... Parmi nos nombreux séminaristes de Montesquieu-Volvestre, nous avons le neveu du P. None.

ALLOCUTION

De Monsieur l'abbé BERNADOT

VICAIRE GÉNÉRAL DE SON ÉMINENCE.

Vous trouverez tout naturel et vous excuserez par suite
que l'Ancienne Succursale tienne à parler après la Jeune,
non pas pour compléter l'hommage qui vient d'être rendu
— comment l'oser et surtout comment le pouvoir? — mais
pour s'y unir et le faire sien en s'y associant.

L'honneur de lui servir d'interprète me vient des nombreuses et douces années que j'ai passées dans cette maison ; il ne saurait s'expliquer autrement, et je regrette
pour vous, que ceux-là mêmes qui l'eussent beaucoup
mieux soutenu, comme ils en soutiennent tant d'autres,
et qui ont déjà fait leurs preuves, aient invoqué à mon
avantage, et je le crains à votre préjudice, ce titre d'an-
cienneté, le seul que je ne pouvais contester — comment
contredire des chiffres? — et devant lequel j'ai dû me
rendre.

Nous venons d'éprouver une vive jouissance à entendre
louer, et nous pouvons dire chanter — puisque c'était
dans la langue des dieux — les mérites exceptionnels de
cette supériorité de vingt-cinq ans, que nous fêtons aujourd'hui,

Richesse d'imagination, finesse de goût, délicatesse de

sentiment, rien n'y a manqué ; d'un bout à l'autre l'esprit le disputait au cœur, ou pour mieux dire, d'un bout à l'autre c'était l'esprit du cœur, incontestablement le meilleur.

En entendant ces belles choses, je ne pouvais m'empêcher de me dire que nos professeurs de rhétorique ont la spécialité des magnifiques dialogues en vers, et je me complaisais à les voir rivaliser ainsi de succès littéraires et universitaires, dans les plus doux liens d'une amitié à laquelle je suis heureux et fier de participer, confondu seulement d'une chose, d'avoir pu être, à ce haut degré de l'enseignement, le collègue de l'un et le prédécesseur de l'autre ; il est vrai qu'il y a des circonstances atténuantes que je ne manque pas de me rappeler quand ce passé se dresse devant moi comme un remords : ma promotion, Messieurs, fut l'œuvre du Quatre-Septembre, il en fut au moins l'occasion, ce ne devait pas être la plus étonnante de cette époque, ce ne fut pas non plus, je crois, la plus ruineuse.

Comme celui qui est l'objet de cette fête a été bien saisi et bien dépeint tout à l'heure dans les vers que nous avons applaudis ! Le portrait était frappant de ressemblance, et si grand, si éblouissant que fût son rayonnement, il n'avait que celui de la vérité, pas même tout entier peut-être, car il est de ces choses intimes qu'on ne saurait rendre.

Et comme il s'est trouvé bien placé au milieu de ces médaillons des aînés de la famille, qui étaient heureux de lui servir de cadre et de le faire mieux ressortir en lui renvoyant, comme c'est justice, toute leur lumière reçue.

Je n'aurais ici qu'une réserve à faire à propos de l'un d'entre eux, pour lequel évidemment le cœur de l'artiste a égaré son pinceau ; mais à toutes les œuvres humaines il faut quelque imperfection : celle-ci aura toujours eu pour heureux effet de contribuer à relever les qualités des autres miniatures.

Honneur à vous, Messieurs, d'avoir conçu et si bien organisé cette fête qui prouve autant votre bon goût que votre bon cœur ; il fallait en effet que les bienfaits de ces vingt-cinq ans fussent mis en relief, dût la modestie de celui qui les a répandus en être mise à la torture ; vous étiez sûrs par avance que le baume de l'affection guérirait vite les blessures faites.

Pour moi, c'est avec un sensible plaisir que je me rappelle cette nomination de 1860. Je pouvais plus qu'un autre m'en réjouir parce que le professeur que j'avais apprécié à l'Esquille me disait assez ce que serait le nouveau supérieur. Je ne manquai pas de faire part autour de moi de mes espérances ; inutile d'ajouter qu'elles ne furent nullement déçues et qu'elles furent même dépassées.

L'administration diocésaine à laquelle on ne prête pas l'infaillibilité d'ordinaire et qui ne la revendique pas non plus ; — elle revendique par exemple la bienveillance et l'impartialité ; — l'administration diocésaine, dis-je, pour donner l'unité de direction aux deux petits séminaires de Toulouse, ayant cru devoir modifier le précédent gouvernement de cette maison, gouvernement sous lequel j'ai vécu et auquel en passant je me plais à rendre hommage, ne pouvait faire de meilleur choix, et puisqu'il s'agit de noces, les expressions seront de mise, procurer une alliance mieux assortie.

Cette Succursale en effet, restreinte matériellement et numériquement, dissimulée avec modestie derrière des constructions ambitieuses qui semblent avoir peur de la laisser voir ; mais en même temps homogène, bien vivante,

affectueuse, dévouée, ayant toutes les qualités qui consti-
tuent la vie intime et douce de famille, comme on les
retrouve dans certains foyers aimables des champs qui ne
s'ouvrent qu'aux regards de la nature et de Dieu, cette
Succursale, dis-je, allait à merveille au nouveau supérieur,
plein de science, de mérites, mais également de modestie;
ayant voué sa vie à la culture des vocations sacerdotales
qu'il allait ainsi avoir l'occasion de soigner exclusivement,
désireux de communiquer encore plus le trésor de sa
piété que celui de ses connaissances, d'être entouré
plutôt d'enfants que d'élèves, et de pouvoir n'établir
autour de lui, vu le milieu favorable pour cela, d'autre
discipline que celle qu'inspire l'affection et qui l'inspire
aussi.

Je vous laisse à penser ce que fut la vie ici, dans ces
conditions, une vraie félicité pour tous; pour les élèves
qui croyaient n'avoir pas quitté la famille et se livraient
aux travaux de l'esprit dans toutes les joies du cœur, pour
les maîtres qui rencontraient les conseils les plus sages,
les égards les plus délicats, pour le supérieur lui-même,
qui, malgré le déchirement éprouvé à sa séparation d'avec
l'Esquile, ne pouvait s'empêcher de goûter le bonheur qu'il
créait, et de bénir la Providence qui l'avait conduit ici et
placé dans son milieu.

Que de fois il m'a été donné de l'entendre exprimer
dans ce sens ses plus intimes sentiments, et comme vous
pensez, je me gardais bien d'y contredire, plus occupé, en
égoïste je le reconnais, de ce qui faisait notre avantage que
de ce qui aurait fait l'avantage d'autrui.

Vous me pardonnerez, Messieurs, d'être entré dans ces
détails inédits. C'était le seul moyen que j'avais de vous
intéresser un instant et de paraître neuf.

Du reste, je n'ai voulu que me livrer à une sorte d'effusion, d'épanchement, et n'ai point eu l'ambition de traiter le sujet. Il vous sera présenté ce soir, sous ses grands aspects, dans un brillant et beau langage qui répondra à celui que vous venez d'applaudir et couronnera dignement la fête.

Cette supériorité dont je viens de vous rappeler les débuts s'est poursuivie tout le temps, — j'en ai été témoin à peu près jusqu'au bout, — avec cette même sérénité, ce même charme et dans une admirable fécondité. Voyez, les enfants de cette maison sont partout, dans le diocèse, occupant des postes, dans toutes les directions, se trouvant à tous les degrés de la hiérarchie, remplissant les fonctions de tous les ministères, et en tout lieu se faisant remarquer par leur attachement entre eux, par leur attachement à la maison où ils furent élevés, et principalement par leur attachement au vénéré supérieur qui leur a inspiré cette communauté de sentiments et leur a imprimé, pour ainsi dire, un cachet qui les fait reconnaître.

Le bon Père, heureux de produire de si consolants résultats, n'aspirait pas à d'autre récompense que celle-là. Partageant son temps entre ses livres et ses enfants, il ne voulait connaître d'autres joies que celles du savant et du prêtre ; quant aux honneurs, il applaudissait qu'on les distribuât à ceux qu'il avait formés ; mais il ne songeait même pas qu'il pût les mériter. Son Eminence a refusé de complaire plus longtemps à cette modestie et de se faire son complice, et l'année dernière, à la satisfaction, non seulement de nous tous, mais du diocèse, il imposait, il infligeait, j'allais dire, la distinction du canonicat à celui qui s'était obstiné à s'effacer. Ce nous fut l'occasion d'une brillante fête qui ne devait être qu'un prélude.

Merci, Messieurs, de nous avoir convoqués à celle-ci, tous les succursalistes d'autrefois ; car je n'aperçois ici que des succursalistes rangés autour du Père de famille ; ceux qui ne le sont pas le sont quand même, s'ils ne le sont pas par droit de naissance, ils le sont par adoption, et je me souviens que lorsque nous les voyions paraître autrefois, ces condisciples ou ces fils spirituels, ou ces amis de notre supérieur, nous tressaillions de la joie qu'ils lui causaient, et nous saluions leur présence comme un bienfait. Je vois qu'il en est toujours ainsi ; ce sont des traditions de cœur qui ne se perdent pas.

Vous n'avez pas voulu que cette fête fût sans un signe extérieur qui la perpétuât et vous avez eu soin qu'elle eût son monument. Ici encore nous louons votre idée et sa réalisation, l'une et l'autre ne pouvant être plus heureuses. Une image de Marie était, en effet, bien indiquée pour entretenir la pensée de celui qui s'appliqua à nous en inspirer si fortement, si suavement la dévotion, et pour rappeler un si bon Père, rien ne pouvait être mieux que la figure d'une Mère.

Cette statue de la Vierge devant laquelle se récitera si souvent le *Memorare* et sur laquelle il sera peut-être gravé, sera de la sorte deux fois la statue du *Souvenez-vous !*

Messieurs, cette fête va être ravissante, ces débuts nous autorisent certes à l'affirmer et cependant je ne puis n'empêcher de le dire, elle ne nous satisfera pas pleinement ; elle nous laissera, non pas un regret, mais un désir. C'est que l'affection a sa cupidité comme l'avarice, aujourd'hui ce sont des noces d'argent et elle aspire à des noces d'or ; Messieurs, elle les aura. Donc après les noces du supériorat celles du sacerdoce. Dieu nous les accordera sans doute ; pour qu'il n'ait pas la possibilité de nous les refuser, nous aurons encore soin de l'y inviter comme a celles-ci dans la personne de Son Eminence.

Jeunesse si intéressante et si aimée, vous pouvez beaucoup pour la réalisation de ce souhait. Vous n'avez qu'à continuer, d'après l'exemple et le conseil de vos maîtres de faire la joie de votre supérieur. Car nous le savons, rien ne contribue tant à lui donner des forces que cette affection dont vous l'entourez et dont vous lui fournissez des preuves par votre piété, votre reconnaissance et vos succès. A ce compte, n'est-ce pas, nous pouvons nous permettre toutes les espérances et nous promettre toutes les consolations ?

RÉCIT DE LA FÊTE.

L'économat fit merveille. Il battit en brèche, à tout jamais, sur les menus des dîners de séminaire, plus d'un préjugé tenace, peut-être même plus d'un souvenir à peu près fidèle. Le meilleur du régal fut toutefois la cantate de M. l'abbé Rey.

Le talent ne suffit guère à composer de tels morceaux. Où puiser, sinon dans une affection délicate et forte, tant de grâce, de fraîcheur et d'éclat? Soudain, c'est comme un bouquet d'artifice musical dont les fusées s'élancent, combinant, dans l'air, avec un art consommé, la multiplicité de leur vives nuances. Les *soprani* semblent moduler près du ciel une mélodie tout italienne, sorte de broderie capricieuse dont les profanes goûtent l'aisance légère, et les initiés, la savante contexture. Les parties, comme des échos successifs, entrelacent les voix diverses en un chœur complexe sans confusion, brillant sans vulgarité. L'harmonie est aussi profonde que la mélodie est déliée. Oui, le cœur a inspiré toute cette œuvre de si heureuse venue, ce solo large et expressif, ce *tutti* compacte et triomphal. Est-ce une aubade? Est-ce un *hosanna?* Je ne sais. Les deux ensemble sans doute; la grâce de l'une et le religieux enthousiasme de l'autre fondus sans effort dans une composition marquée d'une empreinte véritablement originale. Aussi cette belle cantate traduisit-elle avec un suprême bonheur et notre amour pour un si bon supérieur, et notre profonde gratitude pour l'illustre Prélat qui nous l'a donné.

LE TOAST DE SON ÉMINENCE MONSEIGNEUR LE CARDINAL DESPREZ.

Pouvions-nous espérer que Mgr l'archevêque apprenant nos projets, voudrait élever cette manifestation jusqu'à lui, et donner à une modeste solennité de famille les proportions d'un événement digne d'intéresser tout un diocèse. L'humilité de notre maison et l'obscurité de notre œuvre nous dérobèrent en cette circonstance moins que jamais à la haute bienveillance de son regard. Au premier vent de la pieuse conspiration, Son Éminence fit proposer en grand secret aux principaux conjurés une insigne faveur qu'ils se contentaient d'envier en silence, persuadés que leurs pauvres préparatifs ne pouvaient ni atteindre ni prétendre à l'honneur de la présence d'un prince de l'Église. De touchantes attentions s'ajoutèrent à tant de prévenante condescendance. Nous n'eûmes le bonheur de saluer de nos chaleureux applaudissements l'apparition de la pourpre cardinalice qu'après avoir adressé tous nos compliments au bon Père. Monseigneur eût craint de gêner la familiarité de nos épanchements par la douce obligation où nous aurions été de faire publiquement remonter notre joie jusqu'à lui, puisque son cœur en était la source. Par ce retard, il voulut nous forcer d'être ce jour là tout entiers à notre bien aimé supérieur; il ne put nous empêcher cependant de lui donner la meilleure part de nos prières à Dieu.

Les chants ont cessé. Son Éminence se lève et prononce avec force ces mots, au milieu d'un recueillement profond :

« Messieurs,

« Il ne manque maintenant à votre manifestation qu'une
« parole, c'est la mienne. Je viens apporter à votre Père
« la couronne qu'il a le droit d'attendre après celle de ses
« enfants. Je suis heureux de lui offrir en cette circons-
« tance la vive expression de ma reconnaissance pour les
« services qu'il a rendus au diocèse ; car une bonne partie
« de mes prêtres d'élite sont l'œuvre du père Chastain.
« Avec ma bénédiction pour vous et pour lui, j'ajoute ce
« vœu : Puisse-t-il, de nombreuses années encore, faire le
« bien dans cette maison ! *Ad multos annos !*

La mémoire du cœur est chez nous assez fidèle pour reproduire, même après des mois, ce beau témoignage à peu près dans les mêmes termes où il fut rendu. Nous avons gardé précieusement pour nous seuls ces flatteuses paroles comme un bien de famille et un titre de noblesse. Si nous en jugeons par le sentiment d'orgueil que nous conçûmes à les entendre, livrées à une publicité entière, elles étaient de nature à faire des jaloux ; dans le cercle intime où cette brochure s'enferme, elles ne feront que des heureux.

RÉPONSE DU R. P. SUPÉRIEUR.

Nous donnons seulement le sens et l'abrégé des allocutions du P. Chastain. Il serait injuste de nous faire un crime de nos lacunes. Les regrets de nos amis n'égaleront

pas les nôtres. A qui la faute, si ces mots spontanément
envolés du cœur comme le moment les dictait, osent se
produire si défigurés et si refroidis dans ce compte rendu,
qu'on travaillerait vainement à les reconnaître? Plutôt
que de blâmer l'imperfection de notre travail, on nous
saura gré de l'avoir entrepris. Le plus fondé à s'en plaindre, c'est encore le Père Supérieur à qui nous prêtons
notre pauvre langage. Cette enveloppe, dont le courageux
narrateur assume la lourde responsabilité, a pourtant le
mérite d'exprimer véritablement les pensées et les sentiments du héros de la fête.

« L'émotion devrait me persuader de garder le silence.
« Cependant je ne puis consentir à maîtriser mon cœur au
« point d'y refouler et de taire en ce moment les senti-
« ments de vive reconnaissance que j'éprouve pour les
« infatigables bontés et les trop bienveillantes paroles de
« notre bien aimé cardinal.

« Eminence,

« Afin de mener à bien l'œuvre importante et difficile
« qu'il vous plut de confier à ma faiblesse, j'ai levé les
« yeux sur vos armoiries, et j'ai adopté votre devise :
« appuyé avec vous sur la croix de Jésus et sur le nom de
« Marie, mon espérance a reposé toujours sur un inébran-
« lable fondement, *Spes nostra firma!* Eminence, merci :
« vos exemples ont été ma lumière, et votre persévérante
« affection a ôté à mon labeur toute amertume, Les se-
« crets de votre charité ne sont connus que du ciel qui
« nous acquittera.
« Mes collaborateurs si dévoués et si désintéressés ont à
« revendiquer une très large part de la moisson qu'on

« m'attribue. Il ne se peut que je reçoive seul la récom-
« pense de tant de travaux accomplis en commun, et qu'ils
« recueillent pour eux toute la peine.

« Enfants, je les désigne à votre gratitude et à votre
« affection. La meilleure manière de leur prouver votre
« attachement, est de demeurer fidèles à leurs leçons, et
« dignes de ces devanciers, si heureux aujourd'hui de
« retrouver leur jeunesse en vous.

« Ou plutôt je renvoie à Dieu seul tout l'honneur du
« bien qui s'est fait ici sous les auspices de Son Eminence,
« et avec le concours de mes bons confrères. Je ne reven-
« dique pour moi qu'une chose ; c'est que je vous ai beau-
« coup aimés. A l'heure même où je pris la direction de
« cette maison, Dieu m'enleva coup sur coup mon père et
« ma mère, pour me faire entendre que je me devais
« tout entier à ma nouvelle famille. Vous aimer fut ma
« première pensée en entrant ; je vous promets le même
« amour jusqu'à mon dernier soupir. *Donec superest hali-*
« *tus in me !* »

L'INAUGURATION DU MONUMENT DE LA VIERGE ET LE SALUT
DU T. S. SACREMENT.

Quel digne couronnement donner à une journée si belle?

Sur l'épanouissement joyeux des âmes des enfants, sur
les protestations touchantes et non avenues du bon Père,
sur l'éloquente parole doucement descendue du cœur et
des lèvres du Premier Pasteur, Marie voulut encore laisser
tomber un sourire ; Dieu, une bénédiction.

Vous souvient-il de la vieille pompe où vos bras durant
l'été s'exercèrent souvent pour abattre la poussière des

bruyantes récréations du soir? Hélas! elle n'est plus en ce moment qu'un poétique souvenir. À moins que nos élèves plus remuants que jamais ne démontrent, aux chaleurs prochaines, la nécessité de son rôle, et, par le regret, n'amènent sa résurrection.

Contre la muraille qui, du côté du Capitole se dressait naguère haute et nue comme une autre roche tarpéienne, le *monument du souvenir* se détache à cette heure sur un fond de verdure, et repose agréablement le regard. Du haut d'un piédestal dont les proportions gracieuses trahissent le bon goût de M. l'abbé Lafforgue qui consentit à diriger ce doux ouvrage, Marie Immaculée tend miséricordieusement vers nous ses mains maternelles. Elle est doublement ici une *fontaine scellée*, selon le mot allégorique de l'Écriture, *Fons signatus.* Une courte inscription indique l'origine et le sens de ce monument nouveau :

VIRGINI DEIPARÆ

HOC FILII ADVERSUS PATREM AMORIS

MONUMENTUM

DISCIPULI POSUERUNT.

1860-1885.

Il faut confesser, avec un regret jaloux, que l'idée de cette statue ne nous appartient pas. Elle surgit au dehors, au reçu de notre invitation. D'anciens élèves pensèrent aussitôt qu'une image de la Vierge était l'hommage qui convenait le mieux à un Père si doux. Il eut refusé tout présent pour lui seul; il ne pouvait qu'être profondément ému d'une attention si délicate pour sa chère communauté.

La souscription dont M. le chanoine Raynaud et M. l'abbé

Henry Labarbe prirent l'initiative, fut couverte en quelques jours. Si, par précipitation, on omit de communiquer le projet à quelques-uns, il y eut autant de réclamations que d'oublis. Les réclamations étaient évidemment *désintéressées*.

L'heure de l'inauguration étant venue, la procession descend de la chapelle et se déroule comme elle peut sous les péristyles étroits. Une pluie inopportune — est-ce merveille en hiver? — n'ôte rien à la joie des cœurs ni à l'entrain des chants liturgiques. Pendant que les voix supplient la Reine du clergé de se montrer une mère pour ces enfants et ces prêtres maintenant si menacés, M. l'abbé Bernadot s'avance héroïquement sous un *dais très vulgaire* vers le monument encadré de tentures bleues et de guirlandes de lierre. Il tient de son droit d'aînesse le bonheur de bénir la statue, peut-être aussi d'un désir secret qu'a le Père Supérieur de commencer sur l'heure à se venger des gracieuses félicitations du sympathique vicaire général. Tout bien compté, la madone de nos récréations sera *trois fois* la Vierge du *Souvenez-vous*.

. . . .

Au mois de mai 1886, bien des prières déjà ont été pieusement murmurées devant l'image de Marie pour le Père dont elle rappelle les nombreux bienfaits, pour les prêtres qui l'offrirent et pour le grand vicaire qui daigna l'inaugurer.

Tout pluvieux et sombre qu'ait paru le soir du 29 décembre 1885, il s'en échappe encore jusqu'à nous de splendides rayons. Deux fois depuis cette journée inoubliable, à l'ouverture et à la clôture du mois de Marie, notre cour s'est illuminée soudain à nuit close; des flots de lumière couronnaient le pieux monument, des guirlandes de feu dessinaient les allées, éclairant le sol sous nos pas et embrasant une voûte de feuillage au-dessus de nos têtes. Et la procession était encore descendue de la chapelle ; les voix suppliaient Marie, reine du clergé de se montrer mère plus que jamais pour les jeunes séminaristes si menacés. Et chacun de nous de se dire : « Le **29** décembre dure encore ; voici son véritable soir ! »

. . . .

Au Salut du T.-S. Sacrement, où MM. les directeurs abusèrent de leur autorité au point de voler aux jeunes professeurs et aux élèves la joie d'assister le bon père à l'autel, un chœur, toujours richement fourni, donna le *Te Deum* triomphal de Le Sueur. La parole de M. l'abbé Péchou rivalisa bientôt d'éclat et d'élégance avec cette belle musique française.

« Qu'est-ce qu'un petit séminaire et qu'est-ce qu'un
« supérieur de petit séminaire ? Avec ce thème, M. le vicaire
« de Saint-Sernin nous a tenus plus de trois quarts d'heure
« sous le charme, dans une atmosphère étouffante dont
« nous ne nous doutions même pas. Il nous a donné ren-
« dez-vous, dans sept ans, aux noces d'or du sacerdoce.
« Nous y serons tous, je l'espère. Quant au P. Chastain, on
« dit qu'on rajeunit à se sentir aimé. S'il ne faut que cela,
« nous répondons que le P. Chastain ne vieillira point. »

(*Semaine catholique* du 5 janvier 1886.)

DISCOURS

De M. l'abbé PÉCHOU

PRONONCÉ A LA SUCCURSALE LE JOUR DES NOCES D'ARGENT
DE LA SUPÉRIORITÉ DU

R. P. CHASTAIN

DÉCEMBRE 1885

Qu'attendez-vous de moi, mes chers amis, au soir et comme au couronnement de cette fête de famille? Un discours aussi splendide que la fête elle-même? S'il suffisait pour être éloquent d'apporter ici la vivacité du souvenir, de la reconnaissance plein le cœur et la flamme dans l'âme, j'ose croire que je ne le céderais à aucun orateur ; vous seriez satisfaits. Qu'attendez-vous de moi? Un cantique d'action de grâces au diapason de votre enthousiasme pour célébrer les noces d'argent d'un père que vous aimez et que nous vénérons tous? Mais je n'ai jamais compté beaucoup de cordes à ma lyre, et le peu qui sont tendues manquent, hélas! de sonorité. D'ailleurs, après les pièces d'un ton si délicat, de si svelte allure, si ruisselantes de grâce et si pétillantes d'esprit que vous avez justement applaudies ce matin, le découragement me gagnerait et je n'aurais plus qu'à me taire. Le silence! voilà quelle devrait être ma partie gratuite et obligatoire dans ce concert ecclésiastique de respectueuse amitié, le silence dans l'ardeur de ma filiale émotion et dans l'humilité de mon insuffisance.

Mais comment résister au chaleureux appel d'une con-

fraternité qui joint l'art de bien dire aux séductions naturelles? Il s'agissait de parler dans une maison où j'ai laissé
le meilleur de ma vie, où s'est épanchée cette exquise poésie de l'âme qu'on ne peut perdre qu'une fois et dont le
commerce avec le monde tarit vite la source; devant une
bienveillante communauté composée, dirait saint François
de Sales, de mes petits frères de lait spirituels; en une circonstance sans pareille où je n'avais qu'à m'abandonner
au courant de vos ardentes impressions. La pensée de mon
impuissance s'est évanouie, je l'avoue, sous le charme du
sentiment. J'étais rendu avant de me défendre. Et me voici
tout confus encore du périlleux honneur qui m'incombe,
mais, néanmoins tout prêt à tirer près de ces autels la
moralité de ce beau jour. C'est à l'occasion des noces
d'argent d'un supérieur de petit Séminaire que je prends
la parole. Mon sujet est tout indiqué.

Qu'est-ce qu'un Petit Séminaire dans sa plus haute expression? Quel est le rôle d'un supérieur de Petit Séminaire?

Telles sont les deux questions auxquelles je me propose
de répondre.

Puisse cet entretien, mes chers amis, vous inspirer pour
la maison qui vous abrite une sainte admiration et pour
celui qui la dirige avec tant de dévouement une profonde
gratitude.

Qu'est-ce qu'un petit séminaire dans sa plus haute expression?

Il est d'abord une maison des élus de Dieu.

Cette appellation vous étonne, mes bien chers amis;
expliquons-la. Que tout être, et particulièrement l'homme,
doive occuper une place déterminée dans l'harmonie géné-

rale et jouer dans l'univers le rôle fixé par la Providence ; qu'en lui assignant une spéciale fonction Dieu lui en ait conféré l'aptitude, c'est une élémentaire vérité qui frappe tous les esprits, même les moins sérieux. Supposé néanmoins que le Seigneur eût laissé au caprice des hommes ou du hasard le choix de tous les états de vie, il en est un, dit saint Cyprien, qu'il faut lui réserver comme une affaire personnelle, dont il ne peut à aucun prix se désintéresser ; c'est le choix de ses ministres. Il les élit dès leur naissance en déposant dans leur âme inconsciente les divines semences du sacerdoce. Sublime vérité que le matérialisme outrage volontiers de nos jours en jetant à notre saint ministère cette méprisante expression : C'est un métier. Apprenez-le, arrogants détracteurs, la vocation sacerdotale ne s'acquiert pas ; elle est un don du ciel. Libre à l'appelé de la suivre ou de la méconnaître, de l'étouffer ou d'en favoriser l'éclosion ; mais si la Providence ne l'a mise dans le cœur, nulle créature au monde par aucune industrie ne pourra l'y faire pénétrer ou l'en faire jaillir. Ce précieux germe tombe du sein de Dieu au fond de l'âme humaine ; après être resté à l'état embryonnaire et latent, il lève peu à peu, tôt ou tard il se fait jour, et s'il n'y a point explosion, ce qui est rare, il arrive progressivement et de diverses manières selon les âges, à son complet épanouissement. Et de même que tout l'épi de blé est virtuellement renfermé dans le petit grain que le laboureur confie à la terre : on peut affirmer que le prêtre est en germe dans le vrai séminariste. A celui-ci de travailler à dégager celui-là ; car le caractère sacerdotal que le pontife greffera sur sa pleine adolescence ne peut avoir sa raison d'être que s'il est la consécration des aptitudes naturelles.

D'après cet irrécusable enseignement, ne suis-je pas

autorisé à répéter que le séminaire, tel qu'il faut l'entendre, est une maison des élus de Dieu?

Pour avoir le droit d'y entrer et surtout de s'y asseoir, il convient que le jeune aspirant ait entendu quelque chose qui ressemble aux mystérieuses voix de Samuel, et qu'il ait soudain répondu, au moins par un vague tressaillement : *Ecce adsum ;* Me voici.

Il convient que la lumière de sa vocation paraisse jusque dans ses dispositions d'enfant, non pas avec le rayonnement ou la netteté que l'âge et le progrès de ses facultés promettent; mais au moins comme une étoile du matin au milieu d'un nuage légèrement empourpré : *Quasi stella matutina in medio nebulæ.*

Vous les avez entendues ces discrètes voix, et on les a surprises en vous ces saintes dispositions, mes chers amis. Vous n'étiez pas encore au berceau que Dieu prophétisait sur votre destinée : *Ego vos elegi de mundo;* et celle qui se sentait déjà votre mère, faisant peut-être écho à ces présages du ciel, exhalait ce vœu touchant : « Seigneur, je vous consacre l'enfant que vous allez me donner, prenez-le à votre service. » Et vous êtes venus au monde avec la faveur de cette double prédestination. Aussi, dès l'âge le plus tendre, c'était votre plus grande joie de simuler dans vos jeux les cérémonies de l'Eglise, tant vous aviez soif d'y prendre part. A peine sept ans ont-ils sonné qu'un puissant attrait vous enchaîne au temple. Nouveau Samuel, vous servez sans lassitude à l'autel. Les fêtes de la religion sont vos plus chères délices. Ce zèle, ardent dès sa naissance, attire l'attention d'un vénérable Héli de village. Il lui semble distinguer dans les détails de votre conduite des signes non équivoques de vocation; et, avec la complicité de vos parents chrétiens, il vous a conduit dans ce saint asile. N'est-ce pas qu'en franchissant le seuil de cette maison, et en revêtant pour la première fois le costume ecclésiastique vous avez entrevu là-bas dans un vaporeux lointain — était-ce un mirage de votre imagination ravie? était-ce une apparition venue du ciel? — vous avez entrevu une forme précise de prêtre avec sa couronne royale et ses habits sacerdotaux ; et croyant reconnaître votre image, vous avez éprouvé l'élan de cette prière que vos lèvres formuleront un jour avec ivresse : *Introïbo ad altare Dei.* « Oui, je monterai plus tard à l'autel de mon Dieu, comme j'y monte d'avance par mes juvéniles aspirations. »

Et pour la plupart d'entre vous, mes amis, c'est là l'histoire de votre entrée et de votre séjour ici, et cette histoire vous honore, car elle témoigne de l'action manifeste du Ciel sur l'orientation de votre avenir.

Aussi je ne m'étonne plus, si, sous l'impression de ces augustes pensées, un illustre évêque parlant au moment de la distribution des prix aux élèves de son petit séminaire, osait, des sanglots dans la voix et des larmes aux yeux, leur tenir ce langage en apparence surprenant : « Mes amis, Dieu vous a fait des âmes nobles, généreuses, illustres, *illustres animas ;* gardez-les pour les destinées glorieuses qu'il vous réserve : *Magnumque in nomen ituras.* » Oui, gardez-les soigneusement, vous dirai-je à mon tour, elles sont des vases d'élection. Le Seigneur y a versé avec d'abondantes grâces des semences divines. Ces semences sont un précieux trésor. Réchauffez-les par votre piété ; qu'elles lèvent, qu'elles se fortifient, qu'elles grandissent. En coopérant à ce mystérieux travail dans la bienfaisante atmosphère de cette maison, votre adolescence, comme celle de vos anciens, goûtera un ineffable bonheur : *Beatus quem elegisti, habitabit in atriis tuis.*

Le séminaire est non seulement le rendez-vous des élus de Dieu, il est encore l'espoir de l'Église.

Le vénérable fondateur de la Compagnie de Saint-Sulpice, M. Olier, avait coutume de répéter cette maxime favorite : *Spes messis in semine*. Dans la semence est tout l'espoir de la moisson. Elle mériterait d'être gravée en lettres d'or au frontispice de chaque petit séminaire. C'est, en effet, dans les germes de vocation sacerdotale qui éclosent dans ce favorable milieu, que sont renfermées les moissons annuelles de prêtres, et tout le monde sait que plus nombreux sont les semeurs, plus brillantes aussi sont les moissons des âmes. Principes incontestables ! L'élévation surnaturelle et morale de la société dépend de l'influence pratique qu'exerce sur elle le catholicisme; l'action du catholicisme est en raison directe de la fécondité du sacerdoce, et la fécondité du sacerdoce est en proportion du recrutement des vocations. Il en est de notre Église comme du firmament : plus il y a d'étoiles sacerdotales, plus elle brille et plus le monde est éclairé de ses rayons : *Species cœli gloria stellarum*. Or, ces étoiles montent à l'horizon dans les petits séminaires. Et voilà pourquoi depuis l'époque de leur fondation, après le Concile de Trente, et de leur rétablissement en France après la Révolution, l'Église a pris un soin jaloux de ces noviciats ecclésiastiques. Qu'on n'essaie pas d'y toucher, on la blesse au vif; qu'on n'espère pas endormir ou tromper sa maternelle sollicitude. D'ordinaire patiente et de bonne composition, elle montre à ce sujet d'étonnantes susceptibilités, et volontiers elle se déclarerait intransigeante

Les vocations sont-elles en baisse? Aussitôt, par l'organe de ses pontifes, entendez-la jeter des cris d'alarme; elle accuse la malice ou l'indifférence du siècle de cette déplorable stérilité ; elle suspecte les familles, par calcul ou par peur, d'éteindre ou de ne pas entretenir le feu divin dans le cœur des enfants ; et considérant à bon droit cette disette comme un fléau social et un châtiment de Dieu, elle recommande aux pieux fidèles d'apaiser les sévérités du Ciel par de ferventes supplications : *Rogate dominum messis ut mittat operarios in messem suam.*

La détresse matérielle menace-t-elle de sévir sur ces chers établissements ? La voilà qui fait un chaleureux appel à tous les catholiques, demandant à chacun son obole non comme une taxe que l'autorité inflige, non comme une aumône que la charité réclame, mais comme une dette de cœur qui doit revêtir aux yeux de tous un caractère sacré.

Enfin, sous un spécieux prétexte d'égalité, des chicanes législatives risquent-elles de compromettre l'existence ou la pureté des vocations ? Sans hésiter, le Souverain Pontife lui-même proteste, envoie des notes diplomatiques, dénonce à l'univers entier ces sacrilèges attentats. Pourquoi tant de nobles soucis et cette inquiète vigilance ? Ah ! c'est que l'Église est convaincue que dans les séminaires résident la principale source de sa force, le rajeunissement de sa splendeur et le secret de son expansion. Près de ces berceaux ecclésiastiques, que de rêves délicieux s'éveillent dans son cœur de mère ! Passionnée pour la gloire de Dieu et le salut des âmes, elle contemple avec bonheur ces jeunes lévites grandir, rester fidèles à leur vocation, et puis, au début de leur carrière sacerdotale, prendre généreusement leur essor, les uns franchissant les mers et volant au martyre pour évangéliser des contrées sauvages où il y a pénurie d'apôtres, les autres résignés à la solitude, prenant possession de presbytères de campagne depuis longtemps abandonnés ; ceux-ci, tantôt orateurs infatigables, plaidant en faveur de ses droits méconnus, tantôt habiles docteurs battant en brèche les systèmes laborieusement édifiés par l'impiété ou la fausse science ; ceux-là professeurs distingués dans des maisons d'éducation religieuse, ou modestes catéchistes disputant à l'ignorance les chères âmes des enfants.

Qui sait si, grâce aux intuitions de son ardent amour, dans quelque coin obscur de quelque obscur petit séminaire, elle ne découvre pas un François Xavier, un Vincent de Paul, un curé d'Ars, incapable sans doute de pressentir ce qu'il sera un jour, mais se disposant, à son insu, sous la main bénissante de Dieu et sous l'œil aimé de ses maîtres, à remplir, comme il convient, sa glorieuse mission ?

Ne frustrez pas, ô mes amis, chacun en ce qui vous concerne, les espérances de l'Église. En ce temps de sophismes, de préjugés et d'orgueil, il est bon qu'elle ait sous ses ordres des savants qui la puissent défendre. Munissez-vous d'avance de provisions intellectuelles par de fortes études scientifiques et littéraires ; à notre époque féconde en lâchetés, en compromissions et en tracasseries de toute sorte, il lui faut de nobles caractères et d'énergiques consciences qui l'honorent ; apprenez par les luttes intérieures et par l'esprit de discipline la domination de vous-même et le dédain pour les choses d'ici-bas. Mais savez-vous surtout ce qu'elle convoite et ce qu'elle recherche ? Des prêtres, et de saints prêtres qui la fassent respecter, et dont la conduite obstinément exemplaire, en dépit des calomnies à peu près inévitables, soit la preuve vivante et quotidienne de sa céleste origine. Eh bien ! exercez-vous sous ce rapport à la servir avec succès en pratiquant d'ores et déjà les vertus de votre âge, et souvenez-vous de ces deux importantes vérités.

L'âge mûr et la vieillesse, sauf de légères ou d'apparentes modifications, ne sont que les échos de l'adolescence. Presque toujours le séminariste est, par la ressemblance, le père du prêtre : *Sicut dies juventutis tuæ, ita et senectus tua.*

Maison des élus de Dieu, espoir de l'Église, le séminaire est aussi l'honneur du peuple.

Pour bien saisir le sens et apprécier la justesse de ces paroles, répondez, mes chers amis, aux questions suivantes : Que fait-on dans un petit séminaire? On se prépare d'une manière éloignée mais directe à devenir prêtre. Qu'est-ce qu'un prêtre? C'est un être à part, choisi et consacré par Dieu pour lui rendre hommage et sauver les âmes. Quelle place occupe le prêtre dans la hiérarchie sociale? Quoi qu'on dise et quoi qu'on fasse, même en ce siècle qui pousse l'amour de l'égalité jusqu'à l'idolâtrie, tant que le sentiment religieux formera le fond de la nature humaine, dans l'estime publique il occupera toujours la première. Nul ne réussira jamais à le dépouiller de son incomparable grandeur. Autour de son front resplendit une éclatante auréole. On peut momentanément l'obscurcir, amonceler sur elle d'épais nuages, fermer volontairement les yeux pour ne pas l'apercevoir, en profaner ou en maudire le rayonnement, mais, malgré les plus cyniques, les mieux combinés, les plus persévérants efforts, on ne l'éteindra jamais. C'est le Seigneur qui l'a lui-même allumée au foyer de sa propre gloire, et c'est lui qui se charge d'en entretenir la splendeur.

Et qui êtes-vous, jeunes séminaristes, pour prétendre

gravir les sublimes sommets du sacerdoce? Êtes-vous fils
de prince ou de grand seigneur? Pouvez-vous exhiber des
parchemins ou des titres de noblesse? Où sont vos domai-
nes et vos trésors?

A Samuël qui voulait le sacrer roi, Saül se prit à dire :
« Pourquoi me parlez-vous de la sorte? Ne suis-je pas de
« la tribu de Benjamin, qui est la plus petite d'Israël, et
« ma famille n'est-elle pas la plus modeste de toutes celles
« de la tribu? » Tel pourrait être votre langage, mes chers
amis. Enfants du peuple, un sang humble mais pur coule
dans vos veines. Une simple chrétienne est votre mère, un
honnête artisan votre père. Vous n'avez d'autre blason que
celui de l'honneur, d'autre capital que celui de la vertu.
Votre naissance semblait vous prédestiner à l'obscurité sociale, et peut-être aux serviles labeurs; mais Dieu, qui
ne regarde pas à l'étiquette et qui ne compte pas les quar-
tiers, en a jugé autrement. Quand son heure a sonné, par
des voies mystérieuses (car l'imprévu est son incognito), il
est venu vous chercher au milieu des champs, vous fils de
laboureur, et, tout en ménageant vos délicatesses, il vous
a doucement soustrait à l'humilité de votre condition, et,
par l'organe d'un auguste voyant : « Mon enfant, a-t-il dit,
mon enfant, tu seras roi; et toi, ô prince, ô riche, ô lit-
térateur, ô savant, lorsque l'huile sainte aura coulé sur le
front de cet élu, avec l'accent du respect tu lui diras :
« Mon Père », et lui en te serrant la main, te répondra :
« Mon fils ».

C'est en effet, chose constatée, le peuple fournit le plus
fort contingent de la milice sacerdotale. Quel immense
honneur pour lui s'il savait s'en rendre compte! Certes,
l'Église ne ferme systématiquement la porte ni à la noblesse
ni à la bourgeoise. Mais, est-ce indifférence ou mépris de

leur part? Dieu, par motif de justice, leur refuse-t-il la nécessaire faveur de l'appel? Mystère ! Ne cherchons pas à l'éclaircir. Un fait est certain ; c'est que les séminaires, et, par conséquent le clergé, recrutent leur personnel dans ce qu'on est convenu d'appeler les classes inférieures. Bénissons-en Dieu, mes chers amis, et gardons-nous d'en rougir. Ce serait méconnaître notre gloire. J'osais vous dire, il n'y a qu'un instant : « Vous n'êtes pas de haute lignée, et vous ne pouvez vous prévaloir d'aucun titre de noblesse. » C'est une erreur. Grâce à votre divine élection, votre généalogie n'a point de rivale.

Est-ce que, malgré toutes les misères accumulées à Bethléem, Jésus-Christ n'a pas été sacré le premier grand prêtre, le chef des pontifes ; et Jésus-Christ n'est-il pas votre ancêtre? La vulgarité de leur origine a-t-elle empêché les apôtres d'être les chargés d'affaires de Dieu, les propagateurs du christianisme et les missionnaires de la civilisation ; et les apôtres ne sont-ils pas vos pères?

Est-ce qu'ils n'ont pas connu la médiocrité de la fortune, la plupart de ces évêques qui ont illustré et qui, de nos jours encore, illustrent l'Église, l'humanité, leur patrie, leur famille, et ces évêques n'ont-ils pas été vos frères?

Est-ce que l'écrit de saint Paul s'applaudissant de voir que, déjà de son temps, le petit nombre des lévites sortait des rangs inférieurs de la société ; est-ce que cet écrit n'a pas plus de prix à vos yeux que le diplôme le plus authentique de la chancellerie la mieux accréditée?

Et les explicites déclarations de l'Église au Concile de Trente touchant la clientèle des séminaires et l'avénement du peuple au sacerdoce, ces déclarations le cèdent-elles en importance aux plus rares privilèges? Écoutez en quels termes flatteurs elles sont exprimées : « *Pauperum autem filios praecipuè eligi vult. nec tamen ditiorum excludit.* »

Sans exclure les fils des grands, elle préfère que l'on choisisse les enfants des petits. N'est-ce pas là de la démocratie dans le plus beau sens du mot?

Soyez donc fiers, mes chers amis, des tendresses de l'Église et de Dieu. Plus vous partez de bas dans l'échelle sociale pour planer sur les hauteurs divines, et mieux se manifestent les bénédictions du ciel sur vous, sur vos familles, sur la fraction de la classe populaire dont vous êtes les représentants. Toutefois, que cette légitime fierté se transforme en actions de grâce envers la Providence qui, dans la distribution de ses dons, a fait preuve à votre égard d'une opulente libéralité, et envers la sainte Église qui, avant de vous constituer en dignité dans son sein, vous octroie pendant de longues années dans ce pieux asile une si maternelle et si généreuse hospitalité : *Et hospitalitatem nolite oblivisci.*

Après avoir expliqué ce qu'est un petit séminaire, il reste à caractériser le rôle du supérieur. Sa nature ressort des titres mêmes dont nous avons décoré le séminaire :

Maison des élus de Dieu, il exige un juge prudent de ces élus;

Espoir de l'Église, il réclame un sage éducateur de ses clercs;

Honneur du peuple, il a besoin d'un père nourricier pour ses enfants.

Et, d'abord, le supérieur d'un petit séminaire est le juge des élus de Dieu.

Quelle est, en effet, son ambition? De réunir en communauté, dans la mesure du possible, des éléments homogènes portant le cachet de Dieu. C'est, d'ailleurs, sa spéciale mission. Le séminaire ne doit pas dégénérer en collège.

Dans l'esprit de l'Église, il a sa physionomie propre et son but privilégié. Les lui conserver dans sa parfaite intégrité, c'est l'idéal qu'il poursuit. « Prends tes lévites au milieu d'Israël, lui dit le Seigneur ; que ton choix s'inspire du mien, *tolle levitas de medi* Israël, et puis tu les sépareras du monde afin qu'ils soient tout à moi et à mon service ; *et separabis de medio filiorum Israël ut mei sint.* »

Un enfant est présenté. Quelle est la principale préoccupation du supérieur? De s'informer si l'on a surpris chez le candidat quelques indices de vocation. Il peut arriver que tout le monde autour de lui l'ignore ; lui-même n'est pas prophète. Comme Samuel, il n'entendra pas une voix lui crier ou lui murmurer à l'oreille : *Non hunc elegit Dominus.* Néanmoins, n'y a-t-il pas des précautions à prendre et quelques garanties à réclamer?

D'où vient ce jeune aspirant? Dans quel milieu a-t-il vécu? Sa famille est-elle franchement chrétienne ou tout au moins honnête? Favorisera-t-elle, le cas échéant, ses pieuses dispositions? Quels goûts a-t-il jusqu'ici manifestés? Où est le prêtre témoin officiel de sa première enfance?

Tel est le premier examen qu'il subit sur le seuil de sa maison. Il entre ; l'œil du supérieur ou du maître qui le représente ne le perd pas de vue ; il surveille ses jeux, ses relations, ses démarches ; il le scrute dans sa conscience pour saisir sur le vif ses aspirations, ses tendances et autant qu'il le peut, ses aptitudes. Il est évident que si Dieu a réellement caché dans son cœur la flamme sacrée, tôt ou tard l'étincelle révélatrice jaillira. Mais peut-être sa prétendue vocation n'est-elle qu'un feu follet, une étoile filante, un pur mirage? Elle se résout en un élan d'enfant que l'adolescence étouffe, en une généreuse illusion entretenue par les rêves d'une famille ambitieuse, en un calcul inavoué que l'intérêt personnel ou la peur de l'avenir inspire, en une sorte de pudeur ou de timidité naturelle qui retient dans un état d'où l'on n'ose pas sortir. Question délicate, capable d'exercer la sagacité du supérieur constitué juge des élus en première instance!

Refuser ou exclure celui qui visiblement n'est pas doté de la marque divine, éclairer celui qui doute sur sa vocation, soutenir celui qui chancelle, dire aux présomptueux : « N'avancez pas, Dieu ne paraît pas vous appeler : *Nolite ascendere, Dominus enim vobiscum non est* », comme Laban à Éliézer dire aux découragés : « Entrez, bénis de Dieu, pourquoi ces hésitations et ces craintes? *Ingredere, benedicte Dei, cur foris stas?* » C'est assumer une grave responsabilité, je l'avoue; mais aussi quelle est sublime cette fonction d'appréciateur!

Pour la bien remplir, sont nécessaires : le tact, la prudence, cette espèce d'intuition que donnent l'amour des âmes, leur fréquentation intelligente et la connaissance approfondie des jeunes gens; mais savez-vous quelle est, à mon avis, la qualité maîtresse? C'est la fermeté, fille du sacrifice.

Certes, l'amour-propre et le goût du bien-être s'accommoderaient d'une communauté où les élèves abondent. Mais, pour se procurer ces peu délicates satisfactions, il faudrait consentir à les recevoir de toute main, sinon en aveugle au moins avec des yeux complaisants ou demi clos, sans exercer un sévère contrôle, en faisant des concessions qui répugnent aux habitudes, à la discipline et à l'esprit d'un séminaire.

Arrière, arrière cette dangereuse tentation qui mène à la forfaiture, s'écrie le supérieur, mieux vaut la qualité que la quantité, devoir passe disette ; j'ai pris au compte de ma direction cette fameuse devise : « *Sint ut sunt aut non sint :* Que mes jeunes gens soient de vrais séminaristes ou qu'ils ne soient pas sous mon autorité. » Cette intolérance professionnelle et obligatoire en diminuera le nombre ; n'importe. La Providence, je l'espère, m'octroiera des compensations.

Oui, confiance, ô bon maître ! Dieu bénira vos efforts, vos immolations et cette fidélité. Étroite est votre bergerie, petit est votre troupeau ; mais quelle ineffable consolation d'avoir le droit de penser que vos tendres agneaux sont les élus du Seigneur et que, sous votre houlette, tous ou presque tous marcheront vers le but que vous poursuivez et que l'Église leur assigne !

Au juge des élus chez le Supérieur s'ajoute l'éducateur des Clercs.

« Sire, il faut faire des hommes, » avait coutume de s'exclamer Sully devant Henri IV ; autrement les choses tourneront au pire pour notre belle nation de France, »

Mieux encore parle l'évêque au prêtre qu'il place à la tête de son petit séminaire : « Mon fils, lui dit-il, enfanter des savants, des philosophes, des littérateurs, c'est bien ; des lauréats de l'Université, c'est parfait ; des hommes de forte trempe et de grand caractère, c'est excellent ; mais souvenez-vous surtout, — et en cela consistent la sublime originalité et l'incomparable noblesse de votre charge, — souvenez-vous de former des lévites qui puissent, un jour devenus prêtres, satisfaire, comme s'exprime Bossuet, à tous les besoins de la religion, *ut ecclesiasticis utilitatibus pareant;* autrement les choses risquent de tourner au pire dans notre belle Église de France. »

Et nanti de ce programme, il se met à l'œuvre. Certes, il stimule le développement intellectuel de ses élèves en les initiant aux progrès scientifiques et littéraires de manière à soutenir toutes les concurrences et à relever tous les défis.

Palmes académiques que je vois briller avec éclat comme de pieux ex-voto dans cette chapelle et que je salue avec une fraternelle admiration; vous en êtes témoin!

Certes, il se pique d'établir dans sa maison une ferme discipline tempérée par la grâce, dans l'intérêt général de l'ordre et pour assouplir les volontés ingrates.

Certes, il est loin d'être indifférent ou peu attentif aux exercices du corps, si nécessaires à la bonne hygiène de l'esprit.

Néanmoins, ce qui lui tient le plus à cœur, ce sont les âmes, et dans ces âmes les vocations. Et de même que sa plus grande joie est de les voir paraître, son plus noir chagrin serait de les voir s'évanouir, car les vocations comme les étoiles s'éclipsent; sinistre phénomène que l'on peut caractériser par ces paroles de l'Écriture : *Nigrescere faciam stellas ejus!*

Aussi pour les dégager et les entretenir, quel zèle serait au-dessus de ses forces et de son bon vouloir! Trois mesures principales s'imposent à sa sollicitude; d'abord la fréquente pratique des sacrements, qui nourrit la piété à une époque de la vie où les passions s'acharnent à la détruire; ensuite l'habitude des cérémonies religieuses, qui prédispose à la ferveur pour les fonctions du saint ministère, pour l'assiduité au temple et pour la pompe des autels, et enfin l'obligation de porter la soutane qui accoutume les clercs dès l'enfance à la tenue ecclésiastique.

Et ici je me vois contraint de souligner le malin sourire d'un groupe de contradicteurs. La soutane! la soutane! de quelle utilité peut-elle être sur les épaules d'un enfant qui s'ignore lui-même?

N'est-elle pas, à son âge, une dérisoire fantaisie et, ce qui pis est, une dangereuse superfluité?

Pour répliquer à ces critiques, permettez-moi, mes chers amis, d'invoquer le témoignage de votre propre expérience.

N'est-ce pas qu'en prenant pour la première fois ce costume béni vous avez cru revêtir la robe virile, et, sans vous en rendre bien compte, vous avez éprouvé comme un pressentiment de la majesté sacerdotale? Il vous a semblé que tout le corps ecclésiastique assistait à cette prise d'habit, et qu'en vous conférant une minime partie de ses privilèges d'honneur, il vous imposait la majeure partie de ses devoirs. Et soudain une douce fierté a pénétré votre âme et votre conscience a trouvé un ton qui vous était inconnu la veille, et elle vous a dicté des prescriptions de respect personnel que vous étiez loin de soupçonner, et bientôt l'on put apercevoir un abandon moins enfantin dans vos manières et sur votre physionomie un air plus contenu. Peu à peu, cet uniforme a discipliné votre pensée, vos sentiments, vos habitudes, vos démarches, tout votre être, en vous rappelant à tout instant le but suprême de votre éducation. Ah! si vous n'aviez pas au fond du cœur le désir du sacerdoce, comme il vous forcerait à dénoncer cette absence, tant son poids serait lourd; comme vous chercheriez à vous débarrasser de ses incessantes importunités! De quel secours, au contraire, ne vous sera-t-il pas si votre vocation est reelle ; il contribuera à son épanouissement en devenant pour votre vertu une sérieuse sauvegarde et contre les défaillances une perpétuelle leçon.

Honorez-le donc, chers amis, et bénissez l'autorité qui vous l'impose.

Loué soit le supérieur qui, après avoir compris cette parole des saints Livres : *Accipite semina*, se met en devoir de réaliser cette non moins importante recommandation : *Serite agros*. Creusez les sillons où vous jetterez les divines semences, car elles ont besoin d'une spéciale culture. Ce n'est pas sur sa mission que pèse cet anathème du Seigneur : « *Scribe hunc virum sterilem.* » Écrivez sur le livre des destinées que cet homme est stérile. Oh ! non, il voit dans ses champs les célestes germes se multiplier, s'épanouir, arriver à maturité. Savoureuse est sa joie et légitime son orgueil en contemplant les fruits de son travail, lorsque sonne, chaque année, l'heure tant désirée de la moisson.

Après avoir parlé du juge des élus et de l'éducateur des clercs, il semble que l'office du supérieur du petit séminaire soit suffisamment défini. Il est néanmoins un côté du sujet que je me reprocherais de laisser absolument dans l'ombre. Je glisserai vite pour ne pas céder à la tentation d'être indiscret.

Les séminaristes, nous l'avons constaté, sont presque tous des enfants du peuple. A ce titre, la fortune leur manque. Ce n'est ni une faute ni un malheur, c'est tout simplement un désavantage ; mais ce désavantage transforme le supérieur en père nourricier, et provoque nécessairement de sa part un continuel dévouement. Tout en soignant les esprits, il ne saurait se désintéresser des corps. S'il sait que l'homme ne vit pas seulement de pain, il lui est impossible d'ignorer que l'adolescent en vit bien

un peu. Il apprécie, d'ailleurs, si fort le vieil adage : *Mens
sana in corpore sano*, qu'il l'a pris pour devise et pour rè-
gle de conduite,

Le voilà donc ce cher directeur des âmes, devenant tout
à coup ministre des finances, non moins soucieux que s'il
avait à gérer le Trésor français. S'il s'applique à faire merveille dans ses calculs, ce n'est pas, croyez-le bien, en vue
de réaliser de gros bénéfices, d'amasser des rentes ou de
placer des capitaux en bons au porteur sur la Banque na-
tionale. Oh non ! mes amis, sa vulgaire prétention est
d'équilibrer son budget, de balancer exactement les re-
cettes et les dépenses et de se dérober aux poursuites d'un
déficit presqu'inévitable. Et pour arriver à ce maigre ré-
sultat, Dieu sait quelles difficultés il faut vaincre et à
quelles pieuses industries il doit se résigner !

La nuit, pendant que la lampe brille dans son modeste
cabinet d'étude, savez-vous quel problème épineux il tra-
vaille à résoudre ? En voici l'énoncé : Traiter le mieux
possible ses élèves, avec le moins de frais possible ; entretenir le bien-être partout, sans introduire le malaise
à l'état chronique dans une caisse à petites ressources ;
n'est-il pas digne d'un habile mathématicien doué d'un
excellent cœur ?

Vous dormez à votre aise, mon cher ami, dans un lit
moelleux ; la nourriture que vous mangez est confortable
et saine ; un air abondant circule dans tous les coins de la
maison où vous respirez ; chaque jour avant que les ténè-
bres de la nuit commencent à s'épaissir, la lumière vous
inonde de ses flots éblouissants ; rien de ce que la plus
scrupuleuse hygiène désire pour votre frêle tempérament
ne vous fait défaut ; et quand par hasard la maladie vous
effleure de son aile, les soins les plus minutieux vous sont

prodigués avec une délicate attention. Convenez que vous êtes traité à la façon d'un Benjamin par la Providence, vous mon ami, qui dès le berceau ne pouviez avoir en perspective que ses maternelles rigueurs.

Eh bien ! à qui êtes-vous redevable de ces bienfaits ? A quel prix en jouissez-vous? Combien coûtent-ils de préoccupations quotidiennes, de sacrifices personnels, d'habiletés économiques, de démarches charitables et parfois d'angoisses de cœur? Vous l'êtes-vous demandé ?

Il y a tel séminaire qui peut-être ne se tient debout que par la prudente administration de son supérieur, dont l'existence semble liée à celle du maître intelligent et dévoué qui le dirige, et, sur le sort duquel beaucoup d'amis émettent avec anxiété ce doute poignant : Quand le père nourricier n'y sera plus, que deviendra-t-il?

Puissent ces considérations activer la reconnaissance dans vos âmes, mes chers amis. C'est le seul but que je poursuis en vous les rappelant et vous avez, j'en suis sûr, trop bonne éducation et trop vive conscience des sacrifices que l'on s'impose autour de vous, pour que ce souvenir vous laisse indifférents.

Pendant que j'ai tracé d'un pâle crayon cette incomplète esquisse du supérieur du petit séminaire, il m'a semblé surprendre sur vos fronts un sentiment de légitime orgueil. Apparemment chacun s'est dit en lui-même : « Le modèle tourne au portrait; l'idéal par son côté réalisable est au milieu de nous; nous le saluons chaque jour du tendre nom de Père. » Votre cœur a deviné, mes amis, je vous en félicite. L'idéal est bien au milieu de vous et pour que vous l'estimiez à sa juste valeur daignez écouter cette page d'histoire.

Il y a vingt-cinq ans, un jeune prélat dont tout le monde

admire sous la pourpre cardinalice la verte et féconde
vieillesse, désira renouveler l'administration de ses petits
séminaires. Déjà, les clercs de la métropole possédaient
une large part de sa bienveillance. Or, tandis qu'il était
préoccupé de leur direction, il vit flotter dans ses rêves
l'image d'un religieux, né supérieur, d'âge mûr, de physionomie douce comme son âme, d'une modestie égale à
son talent, unissant à la piété d'un ange les tendresses
d'une sœur de charité, aux goûts austères du bénédictin
l'aménité du gentilhomme, et, sous des formes d'une exquise urbanité cachant un franc et droit caractère; cœur
d'or sous une tête de fer et du meilleur ariègeois; assez
ferme pour imposer une juste discipline, mais trop bon
pour en permettre les rigueurs; capable de descendre des
spéculations scientifiques aux menus détails de la vie do-
mestique; dès l'aube de sa cléricature, voué à l'enseignement qu'il honorait déjà par ses écrits et par ses succès;
et, tellement passionné pour l'avenir des jeunes gens, qu'il
pouvait se rendre à leur égard ce précieux témoignage;
« Ils furent mon premier et ils resteront mon dernier
amour. »

A cette vue, le noble évêque surpris de tant de
grâces et de si rares qualités put se croire un instant dupe
d'un songe; mais l'Esquile lui prouva que le ciel l'avait
favorisé d'une vision. De sa cellule, le religieux passa à la
Succursale et à peine avait-il pris possession de son poste
que toute le communauté fut embaumée par le parfum de
ses vertus : *Et tota domus repleta est ex odore unguenti.*

Ce qu'il a fait pour maintenir dans sa maison l'intégrité
ecclésiastique et seconder le développement des vocations
sacerdotales, interrogez vos aînés et ils vous l'apprendront :
Interroga majores et dicent tibi.

N'admettre sous sa responsabilité que des élèves fournissant des garanties ou quelques indices de divine élection ; prémunir son milieu contre les infiltrations de l'esprit laïque et dans les études taxer au minimum les exigences universitaires, malgré toutes les objections ou les répugnances que cette mesure suscite, tenir obstinément à la soutane au point qu'il faut opter entre cet uniforme ou l'exclusion ; alimenter le feu sacré dans les âmes par tous les moyens de bon aloi que la piété suggère et par la fréquente pratique des sacrements ; multiplier les cérémonies religieuses jusqu'à ces poétiques processions de la Fête-Dieu qui à deux pas du Capitole défient sans bruit le despotisme de nos capricieux édiles ; enseigner le plain-chant après s'être appliqué à lui restituer sa pureté primitive, de manière à provoquer une pacifique et salutaire révolution contre la routine diocésaine ; faire resplendir enfin la majesté du rit romain en ses moindres détails, surtout à la cathédrale, dans les messes pontificales dont la pompe auguste éveille la pensée du Vatican : tels furent ses procédés habituels, passez-moi l'expression, de clériculture intensive.

Et sa méthode a produit d'excellents résultats. La statistique officielle est là pour l'attester. D'où le grand séminaire, pour ses recrues, tire-t-il presque toujours la plus riche fraction de son contingent annuel ? Sous quelle direction a passé le gros tiers des prêtres qui composent à cette heure le jeune clergé ? Et si vous regardez sur les sommets de la hiérarchie diocésaine, près de l'autorité pontificale qui voyez-vous ?

Soyez donc heureux et fier, ô notre Père, ô notre bon Père.

Si c'est l'orgueil d'une mère à la fin de sa vie, d'avoir

fait de son fils un homme; si Bossuet pouvait à bon droit se flatter d'avoir été le précepteur du fils d'un roi de France; si pour un prêtre, c'est l'une de ses plus belles œuvres de se survivre dans l'enfant de sa charité qu'il a conduit au sacerdoce en le frappant à son effigie; quelle gloire pour vous, ô Père, qui pouvez compter et offrir à Dieu toute une génération d'hommes de caractère, de rois des âmes et de fils spirituels nourris de vos conseils et marqués à votre empreinte. En voilà autour de vous et des meilleurs. Ils sont venus nombreux pour vous former une triomphante couronne. Oh! comme en ce moment je voudrais être le fidèle et l'éloquent interprète de leurs sentiments!

On dit que l'un de nos plus éminents évêques fit un jour cadeau de son portrait à son grand séminaire et comme le supérieur, tout en le remerciant, lui faisait observer avec un gracieux abandon qu'il avait sans doute oublié d'y inscrire une dédicace, le savant prélat prit soudain la plume et avec infiniment d'à-propos, grava ces expressives paroles de l'Ecriture dont je veux m'emparer :

Mane semina semen tuum et vespere non cesset manus tua.

Riche en beaux fruits a été le matin de votre ministère, ô Père bien-aimé. Dans les champs que vous cultivez avec tant de succès, qu'au soir de votre existence votre main ne cesse de jeter la semence divine et que ce soir se prolonge sans crépuscule et sans nuages. *Et vespere non cesset manus tua.*

C'est le vœu de notre vénéré cardinal qui vous l'exprimait naguère par une flatteuse distinction si bien accueillie du suffrage universel et qui vous le répétait, il n'y a qu'un instant, en quelques mots partis du cœur dont nous ne pourrons oublier ni la délicatesse ni l'émotion.

C'est le vœu de l'ange du diocèse qui se félicite trop de vos services passés pour ne pas les désirer à l'avenir.

C'est le vœu de vos collaborateurs si distingués dont il serait malaisé de dire s'ils sont plus attachés à leurs fonctions qu'à votre personne; tant leur âme est unie à la vôtre par les liens d'un vif respect mêlé de tendre sympathie.

C'est le vœu de ces prêtres qui furent vos enthousiastes enfants et qui sont restés vos constants admirateurs: de ces consciences sacerdotales qui s'estiment heureuses de suivre docilement votre sûre direction; de ces jeunes lévites qui comprennent tout le prix de votre aimable tutelle. C'est aussi le vœu de nos morts chéris et à jamais regrettés qui, d'en haut, participent à notre allégresse et que je vois d'ici demander à Dieu le retard de votre béatitude au bénéfice de notre église de Toulouse et de cette excellente communauté.

Eh bien! ce vœu que tous les échos de cette solennité nous renvoient, où pourrions-nous le déposer mieux que dans votre cœur, ô Vierge Immaculée, vous que nous avons installée dans cet asile pour être le mémorial de ce beau jour, le témoin de notre bonheur, le symbole de nos espérances.

Que par votre souveraine protection, ces noces d'argent soient le prélude et le gage des noces d'or du sacerdoce. Nous les appelons de tous nos désirs. Pour les célébrer, rendez-vous est déjà pris autour de votre trône. Nous y viendrons avec empressement vous remercier de vos faveurs, nous chanterons le *Te D. um* avec un incomparable entrain, nous organiserons, s'il est possible, une fête plus magnifique; car si nous avons aujourd'hui la plénitude de la joie, nous en aurons alors toutes les ivresses. Conservez donc longtemps notre bien-aimé Père pour la gloire de votre Fils, pour l'avantage du diocèse, pour l'accroissement du clergé, pour la prospérité de cette maison ; gardez-nous nous-mêmes, ô Marie, pour redoubler à son égard de vénération, de reconnaissance et d'amour. *Ad multos annos.*

1860-1885.

————

Quoi ! depuis si longtemps dans l'oubli délaissé,
    Mon luth jadis sonore,
Par un instinct secret semble aujourd'hui pressé
    De moduler encore?

Pourtant des jeunes ans les poétiques fleurs
    Ont fermé leur calice ;
Le printemps s'est enfui, c'est la saison des pleurs,
    L'heure du sacrifice !

« Chante, me dit toujours l'Ange des saints concerts,
    « Reprends, reprends ta lyre,
« Quand des parfums si purs s'exhalent dans les airs
    « De ton cœur qui soupire... »

Il soupire, mon cœur ! Oui... mais dans ses soupirs,
    Il n'est point d'amertume !
A suffire à sa joie, à ses ardents désirs,
    Trop faible, il se consume...

Un siècle a parcouru le quart de son chemin ,
    Et sur de jeunes têtes
Luit, comme au premier jour, l'éclat d'un ciel serein
    Même au sein des tempêtes !

Et tandis que déjà, par les vents, emportés ,
    Victimes de votre âge,
Tant d'amis qui, jadis, jouaient à vos côtés,
    Font un triste naufrage.

Votre fragile esquif navigue sans effort,
    Sans pilote, sans voile,
Sûr qu'à l'heure annoncée il atteindra le port
    En suivant son Étoile !

Soyez béni, mon Dieu ! Je croyais qu'au séjour
    D'éternelles louanges,
Vous gardiez seulement le repos et l'amour
    Pour vos saintes phalanges...

Mais non : de vos parvis, sur nos sacrés autels,
    Se réflètent les flammes ;
Là, viennent s'abriter de nouveaux Samuels
    Et réchauffer leurs âmes !

Ah ! conservez, mon Dieu, ce bonheur toujours pur
    De regrets et d'alarmes :
Vierge, en les protégeant sous ton manteau d'azur,
    Viens étancher leurs larmes !

— 85 —

Vous pouvez donc en paix regarder l'avenir,
        Enfants du sanctuaire;
Car, de sa douce main, vient encor vous bénir
        Un Pontife, un bon Père!!!

VOCEM MEAM AUDIENT!

J. M. J.

Toulouse. — Édouard Privat, Imprimeur de l'Archevêché. — 2109

www.ingramcontent.com/pod-product-compliance
Ingram Content Group UK Ltd.
Pitfield, Milton Keynes, MK11 3LW, UK
UKHW031830170726
13836UKWH00004B/1592